W9-CRY-225

日光

栃木

群馬

茨城

埼玉

山梨

東京

神奈川

富士山

箱根

千葉

伊豆

相模灘

静岡

東京

伊豆

東京

32

31

諸

（国土地理院発行100万分１地形図使用）

SITUATIONAL FUNCTIONAL JAPANESE

VOLUME *3*: DRILLS
SECOND EDITION

TSUKUBA LANGUAGE GROUP

BONJINSHA CO.,LTD.

Published and distributed in Japan by BONJINSHA Co., Ltd.,
1F Ryōshin Hirakawachō Building, 1-3-13, Hirakawachō Chiyoda-ku, Tokyo
Telephone 03-3472-2240
Copyright © 1992, 1995 by Tsukuba Language Group. All rights reserved.
Printed in Singapore.

First edition, 1992
Second edition, 1995   ISBN4-89358-297-6 C3081

CONTENTS

Abbreviations and Notations

This is a list of main symbols used in this book:

⇨	Refer.
GN	Grammar Notes
CN	Conversation Notes
🅵	formal/polite speech
🅒	casual/plain speech
⬆	speaking to the Higher
⬇	speaking to the Lower
➡	speaking to the Equal
🕴	spoken by male
🧍	spoken by female
☆	complex, advanced drills
📼	recorded on the tape
👥	practice involving two or more people (Tasks)
♪	conversation after a chime (CD Check)
♬	conversation after chimes (CD Check)
➡	TM

This volume is the third of the three volume work, "Situational Functional Japanese". Preliminary explanation may be found in "How to Use This Book" in Volumle 1.

Lesson 17

友だちを誘う
とも　　　　さそ

Inviting a friend

● *New Words in Drills*

・ is used only in Conversation Drills

Verbs:

<person/thing>が		
倒 たおれる（Ⅱ）		*to fall down, to collapse*

<person>が <thing>を		
洗う（Ⅰ）	あらう	*to wash*
冷やす（Ⅰ）	ひやす	*to cool*
チェックする（Ⅲ）		*to check(a letter)*
断 ことわる（Ⅰ）		*to decline, to refuse*
盗 ぬすむ（Ⅰ）		*to steal*
割 わる（Ⅰ）		*to crack, to break*

<person A>が <person B/thing>を		
叱 しかる（Ⅰ）		*to scold*
褒 ほめる（Ⅱ）		*to praise*
起こす（Ⅰ）	おこす	*to wake up, to set up*
笑 わらう（Ⅰ）		*to laugh*
育てる（Ⅱ）	そだてる	*to raise, to bring up*
叩 たたく（Ⅰ）		*to hit, to slap*
踏 ふむ（Ⅰ）		*to step on, to tread on*

<insect>が <person/animal>を		
刺 さす（Ⅰ）		*to sting, to bite*

<person A>が <vehicle>で <person B/animal/thing>を		
碾 ひく（車）（Ⅰ）		*to run over*

<person>が <place>に		
泊まる（Ⅰ）	とまる	*to stay overnight*

<person>が <language A>を <language B>に		
ほんやくする（Ⅲ）翻訳		*to translate*

<person A>が <person B>を <place/thing>に		
さそう（Ⅰ）		*to ask s.o. to come along*
招待する（Ⅲ）	しょうたいする	*to invite*

— Nouns:

食物	たべもの	*food*
飲物	のみもの	*drink*
ケーキ		*cake*
コップ		*glass*
さら		*plates*
か		*mosquito*
どろぼう		*thieves*
木	き	*tree*
台風	たいふう	*typhoon*
火	ひ	*fire*
作文	さくぶん	*composition*
外国	がいこく	*foreign country*
コンサート		*concert*
禁煙タイム	きんえんタイム	*No Smoking Time*
ＤＮＡ		*deoxyribonucleic acid*
おばあさん		*old lady*
駅員	えきいん	*station employee*
彼	かれ	*he*
彼女	かのじょ	*she*
お宅	おたく	*s.o. else's house*
場所	ばしょ	*place*
夕食	ゆうしょく	*supper, dinner*

3

つごう		*convenience*
理由	りゆう	*reason*
アルバイト		*part-time job (Arbeit)*

Other words:

ほしい		*to want*
うれしい		*happy, glad*
・ぜひ		*by all means*
・残念(な)	ざんねんな	*to be a pity, sorry*
・適当(な)	てきとうな	*suitable*
・今度(の)	こんどの	*next*

● *Additional New Words in Drills*

Other words:

会館	かいかん	*hall*
ホール		*hall*
体育館	たいいくかん	*gymnasium*
リサイタル		*recital*
講演会	こうえんかい	*lecture meeting*
試合	しあい	*game*
学園祭	がくえんさい	*campus festival*
展覧会	てんらんかい	*exhibition*
音楽会	おんがくかい	*concert*
予定表	よていひょう	*schedule*
ビザ		*visa*
延長	えんちょう	*extension*
入管	にゅうかん	*Immigration Service*
(＝ 入国管理事務所)	(にゅうこくかんりじむしょ)	

Structure Drills

1. 例のように練習しなさい。
   れい　　　　　　　　　れんしゅう

   a. 水　　　　　→　　水がほしいです。
      みず

   1. くだもの　　　　　2. 車　　　　　　3. れいぞうこ
      　　　　　　　　　　くるま

   4. 新しい辞書　　　　5. 何か食べ物　　6. 何か飲み物
      あたら　じしょ　　　なに　た　もの　　　　　の

   b. 水を飲む　→　水を飲みたいです。
      　　　　　　　　　　　　　／が

   1. コンピュータを使う　　　　2. 部屋をかたづける
      　　　　　　　　つか　　　　　　へ や

   3. 海の近くのホテルに泊まる　4. 家族を旅行に連れていく
      うみ ちか　　　　　　　と　　　か ぞく　りょこう　つ

   5. 着物を着てみる　　　　　　6. 外国で生活してみる
      きもの　き　　　　　　　　　　がいこく　せいかつ

   c. 写真をとる　→　写真をとってほしいんですが。
      しゃしん

   1. 日本語の作文を見る　　　2. 買物にいっしょに行く
      に ほん ご　さくぶん　み　　　かいもの　　　　　　い

   3. この仕事を手伝う　　　　4. 日本語にほんやくする
      　　 し ごと　 て つだ

   5. あの人を紹介する　　　　6. 空港に迎えに来る
      　　ひと　しょうかい　　　　　くうこう　むか　　く

2. 例のように友だちと練習しなさい。
   とも

   写真をとる

   →　A：○○さん、写真をとってほしいんですけど。
   　　B：ええ、いいですよ。

   1. 日本語を見る　　　　　2. その本をちょっと見せる
      　　　　　　　　　　　　ほん

   3. この手紙を出してくる　4. コップを洗う
      て がみ　だ　　　　　　　　　　あら

   5. この書類を送る　　　　6. ワインを冷やしておく
      しょるい　おく　　　　　　　　　ひ

5

3. シャルマさんは何をしてほしいと言っていますか。友だちに伝えてください。

シャルマ：先生、日本語をチェックしていただきたいんですけど。
→　シャルマさんが<u>先生</u>に日本語を<u>チェックしてほしい</u>と言っています。

1. シャルマ：山下さん、この漢字の意味を教えてください。
2. シャルマ：プラニーさん、タイの友だちを紹介してください。
3. シャルマ：田中さん、この書類を届けてもらいたいんですけど。
4. シャルマ：木村先生、この論文を読んでいただきたいんですけど。
5. シャルマ：鈴木さん、電話番号を教えてくれませんか。

4. 先生が次の文を読みますから、それを聞いて質問に答えなさい。

先生：シャルマさんは山下さんにワープロを教えてほしいと言っています。
　　　Q：だれが教えますか。
　　　→　A：山下さんが教えます。

1. 先生：木村先生はリサさんにほんやくのチェックをしてほしいと言っています。
　　　Q：だれがたのみましたか。
2. 先生：鈴木さんはジムさんにアパートに来てほしいと言いました。
　　　Q：だれがアパートに来ますか。
3. 先生：山下さんはロペスさんに「パーティーのとき、歌を歌っていただきたいんですけど。」と言いました。
　　　Q：だれが歌を歌いますか。
4. 先生：リサさんのお母さんはリサさんに，日本の着物を買って送ってほしいと言っています。
　　　Q：だれが着物を買いますか。
5. 先生：田中さんは山下さんに「いっしょにコンサートに行ってほしいんだけど。」と言いました。
　　　Q：だれがコンサートに行きますか。

5．Passive form になおしなさい。

言(い)う　→　言われる

Ⅰ　取(と)る　　　頼(たの)む　　　さそう　　　こわす
　　ことわる　　　しかる　　　ぬすむ　　　呼(よ)ぶ
　　わらう　　　たたく　　　起(お)こす　　　ふむ
　　ひく　　　なくす 無くす　　　さす　　　わる

Ⅱ　見(み)る　　　育(そだ)てる　　　着(き)る　　　ほめる

Ⅲ　来(く)る　　　紹介(しょうかい)する　　　招待(しょうたい)する　　　注意(ちゅうい)する

6．次(つぎ)の文(ぶん)を Passive sentence にかえなさい。

　　1)　先生(せんせい)はジムさんをほめました。
　　　　→　ジムさんは先生にほめられました。

　　2)　森(もり)さんは私(わたし)の時計(とけい)をこわしました。
　　　　→　私は森さんに時計をこわされました。

　　1. 田中(たなか)さんは私を呼びました。　→
　　2. 川田(かわだ)さんはリサさんに買物(かいもの)を頼みました。　→
　　3. 先生はタンさんに勉強(べんきょう)しろと言いました。　→
　　4. 兄(あに)は私にテレビをつけるなと言いました。　→
　　5. 姉(あね)は私のケーキを食(た)べました。　→
　　6. 三木(みき)さんは私の本(ほん)をなくしました。　→
　　7. タンさんは山田(やまだ)さんと山下(やました)さんをパーティーに招待しました。　→

7．絵(え)を見(み)て、Passive sentence を作(つく)りなさい。

→　けい子(こ)さんにたたかれました。

1. しかられね

2. ふまれる

3. さされね

4. とられね

5. 割られれね 寝

6. けん 見られました

7. ひかれました

8. 絵を見て、Active sentence と Passive sentence にしなさい。

よく勉強
しましたね。

ルイン　　先生

先生はルインさんをほめました。
ルインさんは先生にほめられました。

1.

映画に行き
ませんか。

きょうは
ちょっと。

山川　　みち子

山川さんは ____さそいました____

みち子さんは ____さそわれました____

（えいがに）

2.

あした、うちに来ませんか。

ありがとうございます。

山田
やまだ

林
はやし

ラちハえ OKAY　招待 OKAY・

山田さんは　<u>林を誘そいました</u>

林さんは　<u>山田に誘そわれれまた</u>

3.

この仕事、おねがいします。
しごと

三木
みき

石川
いしかわ

（仕事を）

石川さんが　<u>たのみました</u>

三木さんは　<u>たのまれました</u>

4.

起こす

お父さん
とう

起きろ。
お

子ども
こ

"起きな"と言いました

お父さんは　<u>おこしました</u>
とう

子どもは　<u>おこされました</u>
こ

5.

すみません。えきはどこですか。

まっすぐ行って、左です。
ひだり

おばあさん

田中
たなか

えきの行きう

（みちをきく ASK DIRECTION）

おばあさんは　<u>ききました</u>

田中さんは　<u>きかれました</u>
たなか

6.

禁煙タイムですよ。
きんえん

あ、すみません。

駅員
えきいん

小川
おがわ

駅員が　<u>小川に</u>　"<u>言いました</u>
えきいん

小川さんは　　　　　<u>と言もました</u>
おがわ
<u>実をしなり・</u>

7.

私の家内です。
かない

よろしく。

鈴木
すずき

タン

鈴木さんは　<u>タンさんにおくさんを紹介しました</u>
すずき

タンさんは　<u>鈴木のおくさんを　紹介されました</u>
<u>OMIT 鈴木さんに</u>

9

9. 絵を見て、文を作りなさい。
（え　み　ぶん　つく）

1) 雨が降る
　　（あめ　ふ）
　→　雨が降りそうです。

2) このケーキはおいしい
　→　このケーキはおいしそうです。

1. 本が落ちる
　（ほん　お）

2. 木がたおれる
　（き）

3. 火が消える
　（ひ　き）

4. 台風が来る
　（たいふう　く）

5. 痛い
　（いた）

6. このアパートはいい

7. 二人はうれしい
　（ふたり）

8. この人はひまだ
　（ひと）

9. 　　　　？

10. 例のように練習しなさい。

    A：この本どうですか。＜おもしろい＞

    B：ええ、まだ読んでいないんですけど、おもしろそうですよ。

1. A：いまキネカでやっている映画、どうですか。　＜おもしろくない＞

    B：ええ、まだ見ていないんですけど、＿＿＿＿＿＿＿＿。

2. A：『ＤＮＡ研究』っていう本、どうですか。　＜むずかしい＞

    B：ええ、まだ＿＿＿＿＿＿けど、＿＿＿＿＿＿＿＿。

3. A：きのう買ったワープロ、どうですか。　＜いい＞

    B：ええ、まだ＿＿＿＿＿＿けど、＿＿＿＿＿＿＿＿。

4. A：あの新しいレストラン、どうですか。　＜　？　＞

    B：ええ、まだ＿＿＿＿＿＿けど、＿＿＿＿＿＿＿＿。

11. 例のように練習しなさい。

    A：何を食べましょうか。

    B：私は、何でもいいです。

    A：じゃ、サンドイッチはどうですか。

    B：いいですね。

1. A：どこへ行きましょうか。
2. A：いつにしましょうか。
3. A：だれを呼んできましょうか。　金末はどうですか
4. A：どれを買いましょうか。
5. A：どちらにしましょうか。

11

Conversation Drills

1. Asking if someone is free　都合を聞く（S-1）
（つごう　き）

a.　Asking one's friend　友だちに聞く
（とも）

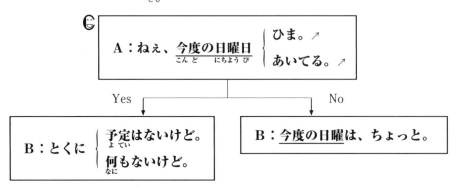

今度の日曜日

1.　きょうの午後　　2.　来週の金曜　　3.　あしたの夜
（ご）　　　　　　　　（らいしゅう　きんよう）　　　　　　（よる）
4.　今度の週末　　5.　来月の20日　　6.　your choice
（しゅうまつ）　　　（らいげつ　はつか）

b.　Asking one's professor　先生に聞く
（せんせい）

A：学生　　　B：先生
（がくせい）

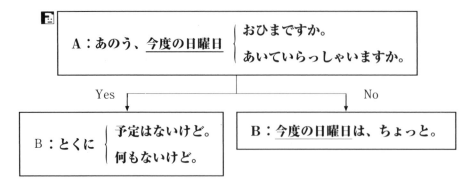

c. You are asked by your professor　先生に聞かれる
せんせい　き

　　　A：先生　　　B：学生
　　　　　　　　　　　　がくせい

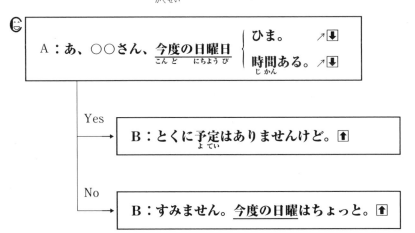

A：あ、○○さん、今度の日曜日｛ひま。　↗⬇
　　　　　　こんど　にちようび　　時間ある。　↗⬇
　　　　　　　　　　　　　　　　　　じかん

Yes
　→　B：とくに予定はありませんけど。⬆
　　　　　　　よてい

No
　→　B：すみません。今度の日曜はちょっと。⬆

2. Making/accepting an invitation　さそう／さそいをうける（S-1, S-2）

a.

A：今度の土曜、ひま。↗
　　　どよう

B：うん。何か。
　　　なに

A：大学会館でコンサートがあるんだけど。
　　だいがくかいかん

B：うん。

A：｛行かない。↗
　　　い
　　来ない。↗
　　こ

B：うん。ぜひ。

大学会館でコンサートがある

1. 銀座でおもしろい映画をやっている
　ぎんざ　　　　　えいが

2. 松見ホールでピアノのリサイタルがある
　まつみ

3. 東京の教育会館で学会の発表をする
　とうきょう　きょういくかいかん　がっかい　はっぴょう

4. ○○大学で岡田先生の講演会がある
　だいがく　おかだせんせい　こうえんかい

5. 体育館でバレーボールの試合がある
　たいいくかん　　　　　　しあい

6. ぼく（私）の部屋で誕生日のパーティーをする
　　わたし　へや　たんじょうび

b.

A：あのう、今度の土曜日、おひまですか。

B：ええ。何か。

A：大学会館でコンサートがあるんですけど。

B：ええ。

A：もしよろしかったら、来ていただけませんか。

B：ええ。いいですよ。

大学会館でコンサートがある

1. 家内が国の料理を作る
2. 学園祭で国の紹介をする
3. 松見会館で私の絵の展覧会がある
4. 田中さんの部屋でプラニーさんのさよならパーティーをする

3．Declining an invitation　ことわる（S-3）

a.

A：ねぇ。今度の日曜、ひま。↗

B：あ、今度の日曜は、ちょっと。↘

A：だめ。↗　いっしょに映画を見ようかなと思ったんだけど。

B：ううん。↘　<u>先生に翻訳のチェック頼まれて（い）る</u>　{ んだ。🚹 / の。🚺

A：そう。↘　残念 { だな。🚹 / ね。🚺

B：うん。またさそって。↗

先生に翻訳のチェック頼まれている

1. 友だちと音楽会に行く
2. 友だちと会う約束がある
3. 指導教官の家に招待されている
4. 彼／彼女と映画に行く
5. パーティーに呼ばれている
6. your choice

b.

> A：ねぇ。今度の日曜、ひま。↗
>
> B：あ、今度の日曜。↗　何。↗
>
> A：映画に行きたいんだけど。
>
> B：あ、行きたいけど、試験があるし、
> 　　宿題もたくさんあるから。
>
> A：そう。じゃ、来週は。↗
>
> B：うん。来週ならだいじょうぶ。
>
> A：じゃ。来週の日曜ね。
>
> B：うん。ありがとう。

試験がある	宿題もたくさんある
1. お金がない	時間もない
2. 疲れている	アルバイトもある
3. 国の友だちが来る	いろいろ予定もある
4. ゼミの準備がある	先生に相談もある
5. 先生のお宅に招待されている	専門の勉強もしたい

4．Declining a professor's invitation　先生からのさそいをことわる（S-3）

A：先生　　　B：学生

> A：あしたの午後、予定ある。↗
>
> B：あしたの午後ですか。↘
>
> A：あしたね。○○大学から山田先生が見えるので、いっしょに
> 　　COME (HONORIFIC)
> 　　昼ご飯でもと思ったんだけど。
>
> B：申しわけありません。
> 　　実は、あしたはビザの延長で入管に行くんですが。
>
> A：ああ、そうか。じゃ、しかたがないな。
>
> B：どうも申しわけありません。

ビザの延長で入管に行く

1. 保証人のお宅に行く
   <small>ほ しょうにん　　たく　い</small>
2. 大使館でパーティーがある
   <small>たい し かん</small>
3. your choice

5．Invitation game　さそう練習（S-1，S-2，S-3）
<small>れんしゅう</small>

Look at the following schedule and invite your friend or professor, etc.

a. 5月

日	月	火	水	木	金	土
1 アンさん 展覧会	2	3 憲法記念日 <small>けんぽう き ねん び</small>	4 創立記念日 <small>そうりつ き ねん び</small>	5 子供の日 <small>こ ども　ひ</small>	6	7
		←	日光へ旅行	→		
8 リサさん 誕生日パーティー	9	10	11	12	13	14 鈴木さん コンサート

1. （友だちを）　　日光への旅行
   <small>とも　　　　　　にっこう　　りょこう</small>
2. （先生を）　　　アンさんの展覧会
   <small>せんせい　　　　　　　　　てんらんかい</small>
3. （先輩を）　　　リサさんの誕生日のパーティー
   <small>せんぱい　　　　　　　　　たんじょう び</small>
4. （友だちを）　　鈴木さんのコンサート
   <small>すず き</small>

☆b.

Look at the schedule of A and B （➡TM）and accept/decline the invitation.

1. AさんがBさんをさそう　　11月7日　　　　　佐藤先生の講演会
   <small>がつ なのか　　　　さ とう　　　こうえんかい</small>
2. BさんがAさんをさそう　　11月4日　　　　　映画
   <small>よっか　　　　　えい が</small>
3. BさんがAさんをさそう　　11月5日、6日　　情報学会
   <small>いつか　むいか　　じょうほうがっかい</small>
4. AさんがBさんをさそう　　11月10日　　　　テニス
   <small>とおか</small>

6. Role play　ロールプレイ

1. Practice in pairs.

A

> Invite B to a concert which will be held this Saturday at 6:00 in the Central Hall. Talk about when and where to meet and whether you will have dinner.
>
> Ｂさんを今週の土曜6時に文化会館で行われる音楽会にさそいなさい。会う時間、場所、夕食をどうするかについても相談しなさい。

B

> You have been invited to a concert by A. Ask what sort of concert it is. You would like to go. You would also like to eat dinner before the concert begins. Discuss with A.
>
> Ａさんに音楽会にさそわれました。どんな音楽会なのかを聞きなさい。あなたも行きたいと思いました。夕食は、音楽会が始まる前に食べたいと思っています。Ａさんに相談しなさい。

2. A

> You have bought a new car. You would like to go for a drive with B. Ask if B is free on Sunday. B declines at first. Ask again.
>
> 新しい車を買いました。あなたは、Ｂさんと二人でドライブに行きたいと思っています。Ｂさんの日曜のつごうを聞いてさそいなさい。はじめＢさんは、ことわります。もう一度さそいなさい。

B

> You have been invited to go for a drive by A. You don't like A very much. Decline using a suitable excuse. You are asked a second time. What is your answer?
>
> Ａさんにドライブにさそわれました。あなたは、Ａさんがあまり好きじゃありません。何か適当な理由をさがしてことわりなさい。二回目にさそわれたとき、どうしますか。

Tasks and Activities

1. 頼みごと Requests

テープを聞いて、(1)何を頼まれたか (2)頼まれたことをするかについて答えなさい。

Listen to the tape, and answer (1) what s/he was requested to do and (2) if s/he is going to do what was requested.

	何を頼まれましたか	頼まれたことを……	
1	タイプをすること	する	(しない)
2	コンパを準備すること	(する)	しない
3	レポートをみること	(する)	しない
4	新しい切手を買うこと	する	(しない)

2. 忙しい「便利屋」 Busy Jack-of-all-trades

便利屋さんは、どんな仕事を頼まれましたか。テープを聞いて a〜e からえらびなさい。できないことは例のように✕をつけなさい。

What was the man on the phone asked to do? Listen to the tape and select the chore from a. to e. Then fill in the schedule of the man. Put ✕ on the letter for a chore he refused to do.

しごと	金曜日 午前	金曜日 午後	土曜日 午前	土曜日 午後	日曜日 午前	日曜日 午後
1 e				○		
2 ✕						
3 c		○				
4 a						○
5 d	○		○		○	
6 ✕				○		

a.

b.

c.

d.

e.

3．サラリーマンはつらい！　Being a salaried worker is tough!

次の絵をみて、ヤンさんの日記を作りましょう。(passive form を使ってください)

つぎ　え　　　　　　　　　　　　　にっき　つく　　　　　　　　　　　　　　　　　　　　　　　　つか

Look at the pictures and write Yan's diary.（Use passive forms.）

例

ヤンくん、この英語の意味は？

えいご　いみ

１

あしたまでに、これをほんやくしてくれ！

９月１日　<u>**きょう、課長に英語の意味を聞かれた。**</u>

く　がつついたち　　　　　　かちょう　　　　　　　　　　　　き

課長 *section chief*

かちょう

_____

_____

_____

［V-te＋くれ］は［V-te＋ください］の casual form.

男の人が使います。

おとこ　ひと

２

なに!?　ぜんぶはできませんでした

３

あしたの朝までにやってくれ！

あさ

９月２日

ふつか

_____

_____

_____

_____

よくやったね！

はい

9月3日
みっか

_____

_____

_____

_____

_____

飲みに
の
行こう！
い

はい

4．手紙でさそう　Write a letter inviting your friend to some famous place
　　　てがみ

a.　井上さんは、外国人の友だちに手紙を書きました。その友だちは、3か月前に、
　　いのうえ　　　　がいこくじん　とも　　　　　　　か　　　　　　　　　　　　　　　げつまえ
　　日本に来て、いま東京に住んでいます。読んでみましょう。
　　にほん　き　　　　　とうきょう　す　　　　　　　よ

　　　Inoue-san wrote a letter to a foreign friend. The friend came to Japan three
months ago and is living in Tokyo now. Read the letter.

　　タンさん、お元気ですか。
　　　　　　　　げんき
今度の休みにディズニーランドに行きませんか。
こんど　やす　　　　　　　　　　　　　　い
場所は、　東京駅　から、　バス　で　30分　のところです。
ばしょ　　　　　えき　　　　　　　　　　　　ぶん
駐車場も　あります。　9時　から　7時　まで開いています。
ちゅうしゃじょう　　　　　　　じ　　　　　　　　　　　　あ
休みの日は　ありません。入場料は　3000円　です。
やす　ひ　　　　　　　　　　にゅうじょうりょう　　えん
ディズニーランドには、ジャングル・クルーズやスペース・マウンテンが
あって、　たのしい　ところですよ。では、お電話をください。
　　　　　　　　　　　　　　　　　　　　　でんわ
　　　　　　　　　　　　　　　　　4月20日　　　　井上
　　　　　　　　　　　　　　　　　がつはつか

今度 next　　　場所 place　　　駐車場 parking lot　　　入場料 admission fee
こんど　　　　ばしょ　　　　　ちゅうしゃじょう　　　　　にゅうじょうりょう

b. あなたの国に、日本人の友だちが来ました。その友だちをどこか有名なとこ
ろに手紙でさそってください。（文は全部使わなくてもいいです。）

A Japanese friend has come to your country. Write a letter inviting the friend to go to some famous place in your country with you. (You don't have to use all the sentences.)

_____さん、お元気ですか。

今度の休みに_____に行きませんか。

場所は、_____から、_____で_____のところです。

駐車場_____。_____から_____まで開いています。

休みの日は、_____。入場料は、_____です。

_____には、_____が

あって、_____ところですよ。では、お電話をください。

___月___日　_____

c. 手紙で、友だちをどこかにさそってください。

Write a letter inviting your friend to go to some place with you.

22

電話をかける(3)指導教官の家
でん わ　　　　　　　　　　し どう きょう かん　　いえ

Phoning (3): One's professor's home

● *New Words in Drills*

· is used only in Conversation Drills

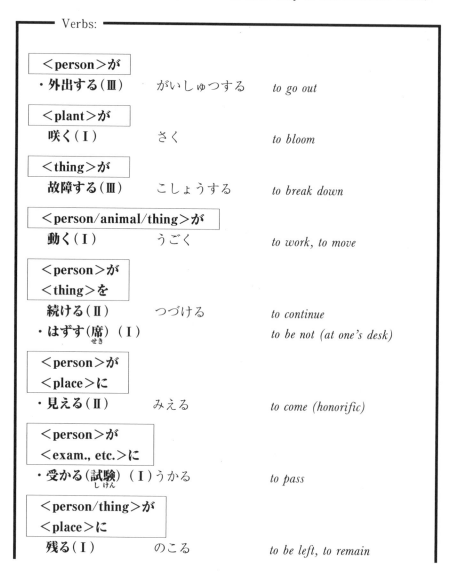

Verbs:

<person>が		
・**外出する**(Ⅲ)	がいしゅつする	*to go out*
<plant>が		
咲く(Ⅰ)	さく	*to bloom*
<thing>が		
故障する(Ⅲ)	こしょうする	*to break down*
<person/animal/thing>が		
動く(Ⅰ)	うごく	*to work, to move*
<person>が **<thing>を**		
続ける(Ⅱ)	つづける	*to continue*
・**はずす**(席)(Ⅰ) せき		*to be not (at one's desk)*
<person>が **<place>に**		
・**見える**(Ⅱ)	みえる	*to come (honorific)*
<person>が **<exam., etc.>に**		
・**受かる**(試験)(Ⅰ)うかる しけん		*to pass*
<person/thing>が **<place>に**		
残る(Ⅰ)	のこる	*to be left, to remain*

<person A>が		
<person B>に		
<matter>と／を		
知らせる（Ⅱ）	しらせる	to inform, to tell
・伝える（Ⅱ）	つたえる	to tell

<person A>が		
<person B>に		
<thing>を		
渡す（Ⅰ）	わたす	to hand over

— Keego（humble form）:

おる		to be
まいる		to go, to come
いたす		to do
いただく		to eat, to drink
はいけんする		to see, to read
お目にかかる	おめにかかる	to meet
うかがう		to hear, to ask, to visit
もうす		to say

— Other words:

参考書	さんこうしょ	reference book
両親	りょうしん	parents
兄弟	きょうだい	brothers and sisters
ゆうべ		last evening
～台	～だい	counter for machines
～度	～ど	～ times
どうやったら		what can I do to?
はじめて		for the first time
はじめは		at first

● *Additional New Words in Drills*

┌─── Other words: ─────────────────────────────┐

伝言	でんごん	*message*
中止	ちゅうし	*cancel*
変更	へんこう	*change*
そのころ		*then*
あと〜		*more (＋ numbers)*
もうすぐ		*soon*
自動車	じどうしゃ	*car*

└──┘

Structure Drills

1．Humble form になおしなさい。

(handwritten top: お〜します。 うかがいます。)

Ⅰ．呼ぶ　　　送る　　　返す　　　手伝う *（TO ASK / TO LISTEN）*
　　よ　　　　おく　　　かえ　　　てつだ
　　会う *お目リかがります/お会いします*　持つ　　話す　　聞く *うかがいます。/おききします。*
　　あ　　　　　　　　　　も　　　　　はな　　　　き
渡ね × CROSS 渡す *TO HANDOVER ＊*　行く *まいります*　飲む *いただきます*　言う *もうします*
　　　　　わた　　　　　　　　　　　　の　　　　　　　い
　　おしらせ ANNOUNCEMENT

Ⅱ．知らせる *TO INFORM*　届ける　　伝える *TO CONVEY*　見せる
　　し　　　　　　　　　　とど　　　　つた　　　　　　　　み
　　調べる　　　いる *おります*　食べる *いただきます*　見る *はいけんします。*
　　しら　　　　　　　　　　　　　た　　　　　　　　　　み

Ⅲ．来る *まいります*　持ってくる　　する *いたします*　お電話する
　　く　　　　　　　　　　　　　　　　　　　　　　　　　　でんわ
　　ご相談する　　　ご連絡する　　　ご紹介する
　　　そうだん　　　　れんらく　　　　しょうかい

2．先生がいろいろ頼みますから、例のように答えなさい。
　　せんせい　　　　　　たの　　　　　れい　　　こた

A：2時まで待ってくれますか。
　　　じ　　　ま

B：はい、お待ちします。

1．A：今晩、電話してくれますか。 *お電話いたします*
　　こんばん
2．A：この論文、できたら送ってもらえますか。 *おおくりします*
　　　ろんぶん
3．A：この本、あしたまでに返してもらえますか。 *お返しします*
　　　ほん
4．A：ちょっと手伝ってくれませんか。 *お手伝いします。*
5．A：これ、山田先生に渡してくれませんか。 *お渡しします*
　　　　やまだ
6．A：あしたもう一度来てください。 *あした まいります*
　　　　　　いちど　き

3. 先生に何と言いますか。□□□の中の語を使いなさい。
   せんせい なん い　　　　　なか ご つか

→ お手伝いしましょうか。
　　てつだ

コピーをとっています。

1.
→
おもちしましょうか。

重い荷物を持っています。
おも にもつ も

2.
→
お手伝いしましょうか。

大変そうです。
たいへん

3.
→
おとりしましょうか。

塩がとれません。
しお

4.
→
おおくりしましょうか。

駅へ行きます。
えき い

| 手伝う | とる | 送る | 持つ |
| | | おく | |

28

4．次の文を適当な形になおしなさい。(Pay attention to the difference between 1) and 2).)

 1) 先生は新しい車を買いました。
  → 先生は新しい車を<u>お買いになりました</u>。

 2) 先生の荷物を持ちました。
  → 先生の荷物を<u>お持ちしました</u>。

  1. 先生はタバコをすいません。*おすいになりません。*

  2. 研究室で先生を待ちました。*お待ちしました*

  3. 論文について先生に相談しました。*いたしました*

  4. 先生はもう出かけました。*お出かけになりました* from

  5. この本は、先生に借りました。*お借りしました。*

  6. パーティーの時間は、先生に聞きましょう。*うかがいましょう。*

  7. 先生は横浜に住んでいます。*いらっしゃいます。*

  8. 先生がこれでいいと言いました。*おっしゃいました。*

  9. 先生に国の切手をあげました。*さしあげました。*

  10. 先生が参考書を貸してくれました。*くださいました* ✗ *いただきました*

5．例のように練習しなさい。(Pay attention to the difference among 1), 2) and 3).)

 1) Q：もう、この映画をごらんになりましたか。
  ↑A：ええ、見ました。

 2) Q：もう、先生にお話しになりましたか。 *先生↑*
  A：ええ、お話ししました。

 3) Q：もう、ご両親にお話しになりましたか。 *—Q さん RESPECT ご両親.*
  A：ええ、話しました。 *— NEVER SHOW RESPECT PARENTS WHEN TALKING TO OUTGROUP*

  1. もう、きょうの新聞をお読みになりましたか。*読みました*

  2. もう、お父さんに連絡なさいましたか。*連絡します.*

  3. もう、先生に本をお返しになりましたか。*ええ、お返ししました.*

  4. もう、お父さんにお聞きになりましたか。*ええ、聞きました.*

5. もう、先生に相談なさいましたか。 ええ、ご相談いたしました。

6. 結婚していらっしゃいますか。 ええ、結婚しています。 おりますWRITER.

7. 奥さんは来月日本にいらっしゃいますか。 ええ、います。しまります。

8. 妹さんはコンピュータをお使いになりますか。 ええ、使います。
   使いなれね。
   potential.

6. 例のように練習しなさい。

a. 林：ヤンさんは国に帰りましたか。
   → 林さんはヤンさんが国に帰ったかどうか聞きました。
   に OKAY

   1. 山下：サニさんはアルバイトをさがしていますか。 しているかどうか

   2. 山田：リーさんはいまのアルバイトを続けますか。 つづけるかどうか
      が

   3. シャルマ：荷物は届きましたか。 届いたかどうか。 TO RECEIVE

   4. リサ：タノムさんはワープロが使えますか。 使えるかどうか.

   5. 森：田中先生はパーティーに出席なさいますか なさるかどうか
      に

b. 林：ヤンさんはいつ京都に行きますか。
   → 林さんはヤンさんがいつ京都に行くか聞きました。

   1. 田中：ブラウンさんはどこで買物をしますか。 するか

   2. 石田：ジムさんはだれと図書館で勉強しましたか。 したか

   3. シャルマ：この花はいつ咲きますか。 さくか

   4. タノム：石川先生は何を注文なさいましたか。 なさったか

   5. 森：この機械はどうやったら動きますか。 うごくか
      が

7. 例のように練習しなさい。

森さんはアンさんにシャルマさんが
京都へ行くかどうか聞きました。

1.

石川さんはスミスさんに荷物が
届いたかどうか聞きました。

2.

水田さんは中山さんにキムさん
がいつ入院したか…

3.

三木さんはイサさんに村田さん
が運転できるかどうか…

4.

この電話はいつから故障
していますか。

サニ　山田

サニさんは 山田さんにこの電話が
いつから故障しているか……

5.

森先生はどこに住んで
いらっしゃいますか。

和田　林

林さんは 和田さんに森先生が
どこに住んでいらっしゃるか……

6.

宿題はどれぐらい
残っていますか。

石田　リー

石田さんはリーさんに宿題が
どれぐらい残っているか

8．例のように練習しなさい。

    a. 日本語の歌を歌う　　　　　　　　　　　＜はい＞

       →　Q：日本語の歌を歌うことができますか。

          A：はい、できます。

      1.　毎朝5時に起きる　　　　　　　　　　＜いいえ＞
      2.　日本語だけで生活する　　　　　　　　＜はい＞
      3.　あしたまでに漢字を20以上 おぼえる　＜はい＞
      4.　いまから予約を取りけす　　　　　　　＜いいえ＞

    b. 何語・話す　　　　　　　　　　＜日本語と中国語＞

       →　Q：何語を話すことができますか。

          A：日本語と中国語が話せます。

      1.　あした何時・大学・来る　　　　　　＜9時＞
      2.　何メートルぐらい・泳ぐ　　　　　　＜800メートルぐらい＞
      3.　○○さんの国・いくらぐらい・車を買う　＜○○円＞
      4.　○○さんの国・何歳・車を運転する　＜○○歳＞

9．正しいことばを選びなさい。

   ＜はじめて／はじめは＞日本語がぜんぜんできませんでしたけど、いまは、
少し日本語が話せます。

    1.　10歳のとき＜はじめて／はじめは＞飛行機に乗りました。
    2.　＜はじめに／はじめて＞ひらがなとかたかなを習って、次に漢字を習いました。
    3.　＜はじめに／はじめは＞日本料理がきらいでしたが、いまは、何でも食べられます。
    4.　きのう＜はじめて／はじめは＞インド料理を食べました。

10. 絵を見て、例のように練習しなさい。
_{え み} _{れい} _{れんしゅう}

> **トム：カメラしか持っていません。**
> _も

1. 森：＿＿＿＿＿＿＿着られません。
_{もり} _き
2. リー：＿＿＿＿＿＿＿行ったことがありません。
_い
3. 山田：兄弟は＿＿＿＿＿＿＿いません。
_{やまだ} _{きょうだい}
4. 林：＿＿＿＿＿＿＿話せません。
_{はやし} _{はな}

11. 例のように練習しなさい。

> **A：ゆうべ何時間ぐらい寝ましたか。**　　　　　　　　＜10時間・3時間＞
> _{なんじかん} _ね
> **B：10時間寝ました。**
> **A：10時間も寝たんですか。　私は3時間しか寝ていません。**
> _{わたし}

1. A：辞書は何冊ぐらい持っていますか。　　　　＜20冊・3冊＞
_{じしょ} _{なんさつ} _も
2. A：テープは何本ぐらい持っていますか。　　　＜100本・7本＞
_{なんぼん} _{ぼん} _{ほん}
3. A：何メートルぐらい泳げますか。　　＜3000メートル・20メートル＞
_{なん} _{およ}
4. A：○○さんの家には自転車が何台ありますか。　＜4台・1台＞
_{いえ} _{じてんしゃ} _{なんだい}

Conversation Drills

1．Asking for someone on the phone　電話に呼び出す（S-1，S-2）
でん わ　　よ　だ

a.　Ringing a professor at home　先生のお宅にかける
せんせい　　たく

B：先生の家族（a member of your professor's family）
か ぞく

> A：もしもし、木村先生のお宅ですか。
> き むら　　　　たく
> B：はい。木村です。
> A：あの、〰〰〰の〰〰〰と申しますが。
> もう
> B：はい。
> A：あの、先生、いらっしゃいますか。
> B：はい。ちょっとお待ちください。
> ま
> A：はい。

木村

1.　山田　　　　2.　中村　　　　3.　your adviser's name
やま だ　　　　　なか むら

b.　Ringing your friend at home　友だちの家にかける
とも　　　いえ

B：友だちの家族（a member of your friend's family）

> A：もしもし、田中さんのお宅ですか。
> た なか
> B：はい。田中です。
> A：あの、〇〇大学の〰〰〰〰と申しますが。
> だいがく
> B：はい。
> A：あの、みどりさん、いらっしゃいますか。
> B：はい。ちょっとお待ちください。いま、かわりますから。
> A：はい。

田中みどり

1.　山下和男　　　2.　木下恵子　　　3.　your Japanese friend
やました かず お　　　きのした けい こ

c. Ringing a professor at his/her office　先生の研究室にかける
せんせい　けんきゅうしつ

B：研究室にいる学生（a student in the teacher's office）
がくせい

A：もしもし、<u>木村</u>先生の研究室ですか。
きむら

B：はい。そうです。

A：あの、<u>留学生</u>の〜〜〜〜〜〜と申しますが。
りゅうがくせい　　　　　　　　もう

B：はい。

A：あの、先生、いらっしゃいますか。

B：はい。ちょっとお待ちください。いま、かわりますから。
ま

A：はい。

　　木村

1. 佐藤　　2. 井上　　3. your adviser's name
さとう　　　いのうえ

☆d. Ringing someone at his/her office　オフィスにかける

B：オフィスの人（someone in the office）
ひと

A：もしもし、<u>経済研究所</u>ですか。
けいざいけんきゅうしょ

B：はい。そうです。

A：あの、〜〜〜〜〜〜と申しますが。
もう

B：はい。

A：あの、<u>アルバイトの山下和男</u>さん、お願いします。
やましたかずお　　　　ねが

B：はい。少々お待ちください。
しょうしょう　ま

A：はい。

　　山下和男　　　：経済研究所でアルバイトしている

1. リサ・ブラウン：松見外語学院（Matsumi Foreign Language Institute）で英
まつみがいごがくいん　　　　　　　　　　　　　　　　　　　　　　えい
語を教えている
ご　おし

2. 石井　進　　：ＭＫ自動車の宣伝部（publicity department）で働いてい
いしい　すすむ　　　じどうしゃ　せんでんぶ　　　　　　　　　　はたら
る

3. your choice

2. When the person you want isn't there　相手がいない時（S-3，S-5）

a.　Ringing someone at home　家にかける

B：相手の家族（a member of family of the person answering the phone）

> B：すみません。まだ帰ってきてないんですけど。
>
> A：あ、そうですか。いつごろお帰りになりますでしょうか。
>
> B：そうですね。10時ごろには帰ってると思いますけど。
>
> A：そうですか。
>
> 　　じゃ、10時ごろ、またお電話してもよろしいでしょうか。
>
> B：ええ、どうぞ。
>
> A：どうも失礼しました。
>
> B：いいえ。

まだ帰ってきてない	10時ごろには帰ってる
1. いま出かけている	9時ごろ帰る
2. ちょっと買物に出た	夕方には帰ってくる
3. 学会で大阪に行ってる	あしたの夜には帰る

b.　Calling a professor at his/her office　先生の研究室にかける

b-1.　When the professor is out　席をはずしている時

B：研究室にいる学生（a student in the office）

> B：すみません。いま授業中なんですが。
>
> A：あ、そうですか。何時ごろおもどりになりますか。
>
> B：3時半ごろおもどりになると思います。
>
> A：そうですか。じゃ、そのころまたお電話します。
>
> B：はい。
>
> A：どうも失礼しました。
>
> B：いいえ。

授業中だ　　　　　　　　　　　3時半ごろおもどりになる

1. 会議中だ　　　　　　　　　　あと1時間ぐらいかかる
   かいぎちゅう　　　　　　　　　　　　　　　　じかん
2. 外出していらっしゃる　　　　　1時すぎにはおもどりになる
   がいしゅつ
3. ちょっと食事に出ていらっしゃる　すぐおもどりになる
   しょくじ　で

b-2. When the professor has not arrived yet　まだ来ていない時
   き　　　　とき

B：あの、まだお見えになっていませんが。
   み
A：あ、そうですか。何時ごろいらっしゃいますか。
   なんじ
B：午後にはお見えになると思います。
   ごご　　　　　　　　　おも
A：そうですか。じゃ、またお電話します。
   でんわ
B：はい。
A：どうも失礼しました。
   しつれい
B：いいえ。

b-3. When the professor has the day off or has gone home　休み／もう帰った時
   やす　　　　かえ

B：あの、｛ きょうはお休みです
           もうお帰りになりました ｝けど。

A：あ、そうですか。どうも失礼しました。
B：いいえ。

☆c.　Ringing your friend at his/her office　友だちのオフィスにかける

　　　　B：オフィスの人（someone in the office）

> B：すみません。いまちょっと席をはずしてますが。
>
> A：あ、そうですか。何時ごろもどりますか。
>
> B：すぐもどると思いますけど。
>
> A：そうですか。じゃ、またお電話します。
>
> B：はい。
>
> A：どうも失礼しました。
>
> B：いいえ。

　　　　席をはずしてます　すぐもどる

1.　外出してます　　　　4時ごろになる
2.　食事に出てます　　　30分ぐらいでもどる

3. Leaving a message for someone to ring back　電話をかけてもらう
　　(S-4a, S-5)

　　　　B：友だちの家族（a member of your friend's family）

> A：いつごろお帰りになりますか。
>
> B：もうすぐ帰ると思いますけど。
>
> A：じゃ、すみませんが、{ お帰りになりましたら、
> 　　　　　　　　　　　　　＜available time＞ごろに }
>
> 　　お電話くださいとお伝えください。
>
> B：はい、わかりました。
>
> A：じゃ、よろしくお願いします。

　　　　もうすぐ帰ると思います

1.　5時ごろ帰るって言ってました
2.　7時すぎには帰ってると思います

3. 夕方には帰ってくると思います
   ゆうがた　　かえ　　　　　おも

3. きょうは遅くなるって言ってました
   　　　　　おそ　　　　　い

4．Leaving a message　伝言を伝えてもらう（S-4b）
　　　　　　　　　　　　　でんごん　つた

あの、（＜re.＞のことなんですが、）

　　　＜message＞と｛ お伝えください。🙂⬆
　　　　　　　　　　 伝えてください。🙂

---

a. A message to your friend（your friend's home）友だちへの伝言
　　　　　　　　　　　　　　　　　　　　　　　とも

1. ＜re.＞　　　：水曜のゼミ
　　　　　　　　　すいよう

　＜message＞：中止になりました
　　　　　　　ちゅうし

2. ＜re.＞　　　：旅行
　　　　　　　　りょこう

　＜message＞：学会の発表があるので行けません
　　　　　　　がっかい　はっぴょう　　　　い

3. ＜re.＞　　　：あしたのゼミ

　＜message＞：来週の火曜に変更になりました
　　　　　　　らいしゅう　かよう　へんこう

4. ＜re.＞　　　：アルバイト

　＜message＞：あしたの午前中までに連絡してください
　　　　　　　　　ごぜんちゅう　　　れんらく

b. A message to your professor（proffessor's office）先生への伝言
　　　　　　　　　　　　　　　　　　　　　　　　　せんせい

1. ＜re.＞　　　：午後の授業
　　　　　　　　ごご　じゅぎょう

　＜message＞：病院に行くので遅れます
　　　　　　　びょういん　い　　　おく

2. ＜re.＞　　　：大学院の試験
　　　　　　　　だいがくいん　しけん

　＜message＞：おかげさまで受かりました
　　　　　　　　　　　　う

3. ＜re.＞　　　：論文
　　　　　　　　ろんぶん

　＜message＞：あしたの午後、研究室にうかがいます
　　　　　　　　　　　けんきゅうしつ

4. ＜re.＞　　　：金曜日のパーティー
　　　　　　　　きんようび

　＜message＞：夕方5時からレストラン「タロー」でやりますので、ぜひご
　　　　　　　ゆうがた　じ

　　　　　　　出席ください
　　　　　　　しゅっせき

5．Leaving a telephone message　電話で伝言を伝えてもらう（S-4, S-5）

a.　Ringing your friend's home and leaving a message

友だちの家に電話して、伝言を伝えてもらう

B：友だちの家族（a member of your friend's family）

（Start a phone conversation）

A：あの、〜〜〜〜〜さん、いらっしゃいますか。

B：すみません。まだ帰ってきてないんですけど。

A：そうですか。じゃ、すみませんが、伝言お願いできますか。

B：はい。

A：[Leaving a message]

B：はい。わかりました。

A：じゃ、よろしくお願いします。

b.　Ringing your professorr's office and leaving a message

先生の研究室に電話して、伝言を伝えてもらう

B：研究室にいる学生（a student in the office）

（Starting a phone conversation）

A：あの、〜〜〜〜〜先生いらっしゃいますか。

B：いま、ちょっと、会議中なんですけど。

A：あ、そうですか。じゃ、すみませんが、伝言お願いします。

B：はい。どうぞ。

A：[Leaving a message]

B：はい。わかりました。

A：じゃ、よろしくお願いします。

6. Passing on a message 伝言を伝える (S-6)

a. To your professor 先生に伝える

B：先生

A：先生、1時ごろ、山下さんから電話がありました。⬇

B：あ、そう。なんだって。⬆

A：病院へ行くので午後の授業に遅れますと言ってました。⬇

B：あ、そう。どうもありがとう。⬆

A：いいえ。

　　　＜time＞　　：1時ごろ

　　　＜from＞　　：山下さん（学生）

　　　＜message＞：病院へ行くので午後の授業に遅れます

☆b. To your friend 友だちに伝える

B：友だち

A：Bさん、3時半ごろ、山下さんから電話があった { よ。↗
　　　　　　　　　　　　　　　　　　　　　　　　　　 わよ。↗ 👤

B：あ、そう。なんだって。↗

A：あしたのゼミ、来週の火曜に変更になったって。↘

B：あ、そう。どうもありがとう。

A：うん。

　　　＜time＞　　：3時半

　　　＜from＞　　：山下さん（学生）

　　　＜message＞：あしたのゼミが来週の火曜に変更になった。

☆7. Message game　伝言ゲーム
でんごん

Play in two teams, taking turns. Each team writes a message on a piece of paper and gives it to a member of the other team. Then s/he whispers the message to another member of his/her team, without showing it. Finally the last member writes it on the board.

The team finishing first, with fewer mistakes is the winner.

8. Role play　ロールプレイ

Practice in pairs according to the given role cards.

1. Ringing your friend at home　友だちの家に電話する
   とも　　いえ　でんわ

2. Ringing your professor at home　先生のお宅に電話する
   せんせい　　たく

3. Ringing your professor at his/her office　先生の研究室に電話する
   けんきゅうしつ

   Passing on a message to your professor　先生に伝言を伝える
   つた

☆4. Ringing your friend at his/her office　友だちの研究室に電話する

   Passing on a message to your junior　後輩に伝言を伝える
   こうはい

   Receiving a message from your senior　先輩から伝言をもらう
   せんぱい

Tasks and Activities

1. ハワイのおみやげ Souvenirs from Hawaii

佐藤さんは1週間ハワイに行ってきました。きょう学校で、おみやげを4人（a
さん、bさん、cさん、dさん）に、渡しました。テープを聞いて、下の▭
にabcdを入れなさい。

Sato-san has been to Hawaii for a week. Today she gave souvenirs from
Hawaii to four people at the university. Listen to the tape and fill in the blanks
with a 〜 d.

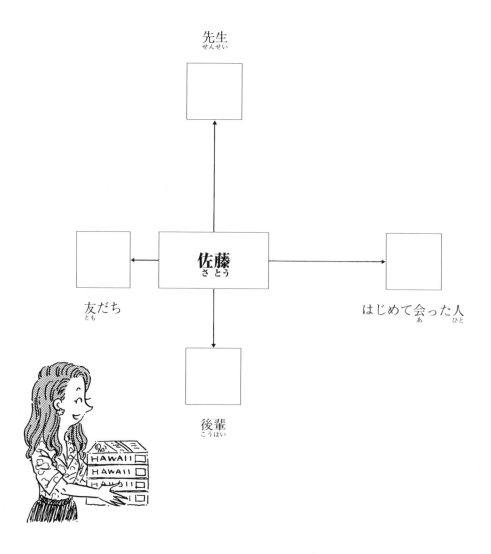

2. 伝言 Telephone messages

テープの電話の会話を聞いて、伝言をえらびなさい。

Listen to the tape and select the correct message.

例 a.

> ヘンリーさんから、
> 三時半に電話して
> くださいとのことです。

例 b.

> ヘンリーさんから、
> 三時半に 電話する
> とのことです。

伝言には「Aから、plain form ＋とのこと（です）」を使います。

意味は、A is saying that 〜 です。

1 a.

> 木村先生へ、
> 田中さんが きょう
> ゼミを休むとの
> ことです。

b.

> 木村先生へ、
> 田中さんが ゼミを
> 休んでくださいとの
> ことです。

2 a.

> まゆみへ
> 山本さんから
> あした映画に行け
> なくなったとのことです。

b.

> まゆみへ
> キムさんから
> あした 映画に行け
> なくなったとのことです。

3 a.

> 斉藤先生から
> 夜10時ごろ
> 電話するとのこと。

b.

> 斉藤さんから
> 夜10時ごろ
> 電話するとのこと。

c.

> 斉藤先生から
> 夜10時ごろ 電話
> してくださいとのこと。

3. 日本の大学生と電話　Japanese university students and telephones
にほん　だいがくせい　でんわ

a. **電話についてクラスの人と話してみましょう。**
ひと　はな

Let's talk in the class about telephones.

1. あなたは1週間に何回ぐらい電話しますか。
しゅうかん　なんかい

2. 1回に平均何分ぐらいですか。　平均 *average*
いっかい　へいきんなんぶん　　　　へいきん

3. 一番長いときは、何分ぐらい話しましたか。
いちばんなが　　　　　　　　はな

4. 日本の大学生は1週間に何回ぐらい電話すると思いますか。
おも

5. 1回に平均何分ぐらいだと思いますか。

6. 一番長いときは、何分ぐらいだと思いますか。

7. どんな人と電話で話すと思いますか。

例　①同性の友だち　　　　　同性 *of the same sex*
どうせい　とも　　　　　どうせい
②異性の友だち　　　　　異性 *the opposite sex*
いせい　　　　　　　　いせい
③家族
かぞく
④親戚　　　　　　　　　親戚 *relatives*
しんせき　　　　　　　　しんせき

b.　クラスをふたつのグループ（AとB）に分けて、資料を見てみましょう。

　　Divide the class into two groups（A & B）; each group should read different sets of data.

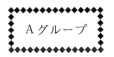Aグループ

$$\left(\begin{array}{l} \text{NTT 調査　1988年 2 月} \\ \text{大学生500人（男 250　女 250）に聞く} \end{array}\right)$$

1.　電話の回数

　　まず 1 週間に何回電話をかけるか聞きました。一番人数が多いのが「5 回」で、16％でした。次が「9 ～10回」（15％）で、それから「3 回」（13％）、「7 回」（11％）の順でした。平均は、8.4回です。

回数 *number of times*　　人数 *number of people*　　順 *order*

平均 *average*

2.　1 回に電話する時間

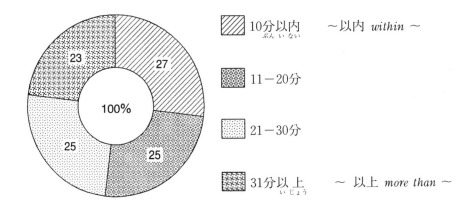

10分以内　　～以内 *within* ～

11－20分

21－30分

31分以上　　～ 以上 *more than* ～

　　一番多いのが、「10分以内」で、27％でした。次が「21～30分」（25％）、「11～20分」（25％）でした。また、「31分以上」の人も23％いました。平均は28分です。

　　いままで一番長く話した電話の平均は、166分です。一番多いのが、「61～120分」で26％、次が「121～180分」（24％）で、「60分以内」（21％）と続きます。「5 時間以上」話した人は10％いました。12時間話した人もいます。　続く *to continue*

結果 *result*

日本の大学生は、1 週間に平均（　　　回）電話をします。
1 回に平均（　　　分）電話します。

◇◇◇◇◇◇◇◇◇◇◇◇◇◇◇
Ｂグループ
◇◇◇◇◇◇◇◇◇◇◇◇◇◇◇

3.　電話の相手

電話をかける相手は、「同性の友だち」が一番多くて、95％です。次が「異性の友だち」で、76％です。そして「家族」（55％）、「親戚」（14％）と続きます。

相手 *companion*　　同性 *the same sex*　　異性 *the opposite sex*
親戚 *relatives*　　続く *to continue*

4.　電話での話題

電話で話すことは、一番が「最近あったこと」で、71％です。次が「友だちのこと」（68％）、「クラブのこと」（59％）です。また「将来のこと、なやんでいること」（19％）や「恋愛」（15％）の話をする人もいます。

話題 *topic*　　最近 *recently*　　将来 *future*
なやむ *to be troubled*　　恋愛 *love*

5.　1か月の電話代

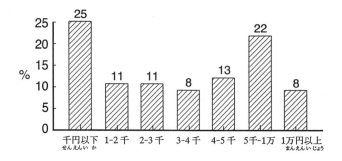

1か月の電話代は平均4990円です。「千円以下」が25％で、トップです。しかし「5千〜1万円」払う人も22％もいます。電話を使う人と使わない人の差が大きいことがわかります。一番多く払った人は、3万円でした。

大学生の1か月の本代は、平均2765円ですから、1か月の電話代は、本代の約2倍です。また大学生の1か月のアルバイト代は、平均4万7千円ですから、その10％は、電話代になります。

〜代 *charge*　　〜以下 *less than*　　差 *difference*
〜倍 *times*　　約 *about*

結果
けっか

日本の大学生が、電話をかける相手は（　　　　　　　）が一番
にほん　だいがくせい　　　　でんわ　　　　あいて　　　　　　　　　　　　いちばん
多いです。次は、（　　　　　　　　　）で、家族は3番目です。
おお　　　　つぎ　　　　　　　　　　　　　　　　かぞく　　ばんめ
それから、1か月の電話代は、平均（　　　　　円）で、1か月の
　　　　　　げつ　　だい　　へいきん　　　　　えん
本代の（約　　倍）です。
ほんだい　やく　　ばい

c.　結果を発表しましょう。
けっか　はっぴょう

Let's report the results to the class.

d.　（　）の文を使って、クラスで話してみましょう。
ぶん　つか　　　　　　　　はな

Let's talk in the class using the sentences in the brackets.

1.　日本人の学生が1週間に電話をかける回数や1回の平均時間は長いと思い
じん　　　　　　しゅうかん　　　　　　かいすう　かい　へいきんじかん　なが　おも
ますか。

（＿＿＿＿と思います。）

2.　この結果とあなたの予想を比べてみましょう。
けっか　　　　　よそう　くら

（＿＿＿＿と思っていましたが、実際は＿＿＿＿です。）
じっさい

例　電話代はもっと少ないと思っていましたが、実際は多かったです。
れい　だい　　　すく　　　　　　　　　じっさい

予想 estimate　　比べる to compare　　実際 in fact
よそう　　　　　くら　　　　　　　　じっさい

3.　あなたの国と比べてどうですか。
くに　くら

（私の国は、＿＿＿＿ですが、日本の大学生は、＿＿＿＿です。）
わたし　　　　　　　　　　　にほん　だいがくせい

4.　どうしてあなたの国と日本はちがうのでしょうか。

（＿＿＿＿＿＿＿からだと思います。）
おも

Lesson 19

訪　問
ほう　　　もん

Visiting

● **New Words in Drills**

· is used only in Conversation Drills

```
┌─ Verbs: ──────────────────────────────────────────┐
```

＜person＞が		
なくなる（Ⅰ）		to pass away

＜person＞が ＜thing＞を		
回す（Ⅰ）	まわす	to turn (s.th.)
受ける(試験)（Ⅱ）うける しけん		to take (an exam. etc.)
はく（Ⅰ）		to put on (foot/legwear)
· すすめる（Ⅱ）		to offer

＜person A＞が ＜person B/organization＞に ＜thing＞を		
あずける（Ⅱ）		to deposit, to entrust

```
┌─ Nouns: ──────────────────────────────────────────┐
```

家賃	やちん	rent
修士	しゅうし	Master
博士	はくし／はかせ	Doctor
テーマ		theme
春休み	はるやすみ	spring holidays
学校	がっこう	school
· ホームステイ		homestay
家庭	かてい	home
· ごちそう		treat
· (お)みやげ		souvenir, present
夜中	よなか	midnight
大雨	おおあめ	heavy rain

50

```
┌─ Others: ──────────────────────────────────────────┐
│                                                     │
│   あぶない                          dangerous        │
│ ・楽しい          たのしい           enjoyable, happy │
│   かっこいい                        smart            │
│   りっぱ(な)                        fine             │
│ ・本当に          ほんとうに         really           │
│   たぶん                            probably         │
│   もうちょっと                      little more       │
│                                                     │
└─────────────────────────────────────────────────────┘
```

● *Additional New Words in Drills*

```
┌─ Food: ────────────────────────────────────────────┐
│                                                     │
│   豚肉           ぶたにく            pork             │
│   牛肉           ぎゅうにく          beef             │
│   生             なま               raw              │
│   なっとう                          fermented beans  │
│   ブラック                          black (coffee)   │
│   アルコール                        alcohol          │
│   クッキー                          cookies          │
│                                                     │
└─────────────────────────────────────────────────────┘
```

```
┌─ Other words: ─────────────────────────────────────┐
│                                                     │
│   あいさつ                          greetings        │
│   高校           こうこう            high school      │
│   イスラム教      イスラムきょう      Islam            │
│   ヒンズー教      ヒンズーきょう      Hindu            │
│   菜食主義        さいしょくしゅぎ     vegetarianism    │
│   死亡           しぼう              death            │
│   スリッパ                          slippers         │
│                                                     │
└─────────────────────────────────────────────────────┘
```

Structure Drills

1. 例のように文を作りなさい。

　　このレストランはおいしい

　　→　Q：このレストランはおいしいでしょう。

　　　　A：ええ、おいしいです。

　　1. 英語より日本語のほうがかんたんだ
　　2. あの人は鈴木さんだ
　　3. 学校はあした休みだ
　　4. 東京から大阪まで3時間で行ける
　　5. 成田空港には郵便局がある
　　6. 山田さんも会議に出席する

2. 例のように文を作りなさい。

　　お手洗い・どこ　→　お手洗いはどこでしょうか。

　　1. 切符の売り場・どこ
　　2. アパートの家賃・いくら
　　3. インド大使館の電話番号・何番
　　4. この次の学会・いつ
　　5. 図書館の貸し出し・何時まで
　　6. 病院の受付・何時から何時まで

3. 例のように練習しなさい。

　　あしたのパーティーに行く　　　　　　　＜田中さん＞

　　→　A：あしたのパーティーに行きますか。

　　　　B：ええ、行こうと思っています。

　　　　A：田中さんは。

　　　　B：ええ、たぶん、行くだろうと思いますよ。

1. 夏休みは国へ帰る　　　　　　　　＜スミスさん＞
2. パーティーには、友だちを連れていく　＜ヤンさん＞
3. 旅行にカメラを持っていく　　　　＜リーさん＞
4. 修士論文は日本語で書く　　　　　＜シャルマさん＞
5. 友だちに手伝ってもらう　　　　　＜プラニーさん＞
6. 先生に相談する　　　　　　　　　＜ピーターさん＞

4. 例のように文を作りなさい。

論文・来年書く　→　　Q：論文はどうするんですか。

A：来年書くつもりです。

1. 学会・欠席する
2. レポート・今週中に出す
3. 住むところ・友だちにさがしてもらう
4. 論文のテーマ・先生と相談して決める
5. お金・銀行にあずける
6. 大学院の試験・　　　？

5. 例のように文を作りなさい。

テレビを見る・ごはんを食べる
→　テレビを見ながら、ごはんを食べます。

1. ラジオを聞く・勉強する

2. コーヒーを飲む・新聞を読む

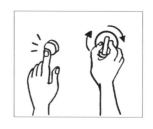

3. 歌を歌う・そうじする

4. ボタンを押す・まわす

5. スライドを見せる・説明する

6. アルバイトをする・大学に行く

6. 例のように文を作りなさい。

歩く・タバコをすう・あぶない

→ <u>歩きながら</u><u>タバコをすう</u>のは、<u>あぶない</u>と思います。

1. 歩く・ものを食べる・よくない
2. 寝る・本を読む・目に悪い
3. となりの人と話す・車を運転する・あぶない
4. 働く・勉強する・大変だ
5. ？ ・ ？ ・ ？

7. 例のように文を作りなさい。

森さんとお会いになりますか。 → 森さんと会われますか。

1. 何時にお帰りになりますか。
2. 林さんとお話しになりましたか。
3. はしをお使いになりますか。
4. 旅行はどちらにいらっしゃるんですか。
5. 木村先生はコンパにいらっしゃいますか。
6. もう飛行機はご予約なさいましたか。

8. 例のように文を作りなさい。
   （れい）　　　　　　（ぶん）（つく）

1)

いまからコンピュータを使う
                         （つか）
→　Q：いまからコンピュータを使われますか。

A：｜ええ、使います。
　　｜いえ、使いません。

2)
きょう木村先生は来る
（き むらせんせい）（く）
→　Q：きょう木村先生は来られますか。
　　　　　　　　　　　　　（こ）

A：｜ええ、来られます。
　　｜いえ、来られません。

1. 火曜日に大学に来る　　＜ええ＞
   （かようび）（だいがく）
2. 木村先生はもう帰った　　　　＜ええ＞
   　　　　　　　（かえ）
3. 毎日料理をする　　　＜いえ＞
   （まいにちりょうり）
4. 木村先生は「いい」と言った　＜いえ＞
   　　　　　　　　　　　（い）
5. 博士の試験を受ける　＜いえ＞
   （はくし）（しけん）（う）

9. 例のように、聞いたことをほかの人に伝えなさい。
   （れい）　　　（き）　　　　　　　（ひと）（つた）

私はパーティーで、着物を着ます。
（わたし）　　　　　　（きもの）（き）

リサさんはパーティーで
着物を着るそうです。

リサ

1.
リサ

> 先週、修士論文を出しました。
> せんしゅう しゅうしろんぶん だ

2.
スミス

> 私はまだ独身ですよ。
> わたし どくしん

3.
木村先生
き むらせんせい

> あさって、授業を休講にします。
> じゅぎょう きゅうこう

4.

> きのうの夜中、チリで大きい地震がありました。
> よ なか おお じしん

5.
ロペス

> 来月新しいアパートにひっこします。
> らいげつあたら

6.

> あしたは大雨になるでしょう。
> おおあめ

10. 例のように文を作りなさい。
れい ぶん つく

お茶を飲みませんか。 → お茶でも飲みませんか。
ちゃ の

1. 映画を見ませんか。
えいが み
2. すしを食べたいですね。
た
3. 春休みにいっしょに旅行しましょう。
はるやす りょこう
4. お子さんにあげてください。
こ
5. 喫茶店に入りませんか。
きっさてん はい
6. 電話をしてみましょうか。
でんわ

11. 例のように、「こんな/そんな/あんな」「こんなに/そんなに/あん
    なに」を使って文を作りなさい。

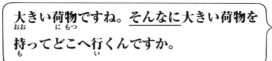

大きい荷物ですね。<u>そんなに</u>大きい荷物を
持ってどこへ行くんですか。

1.

かっこいいな。ぼくも<u>こんな</u>車が
ほしいな。

2.

たくさんありますねえ。<u>こんなに</u>たくさん
食べられません。

3.

きれいな色のセーターですね。私も
<u>そんな</u>セーターがほしいです。

4.

りっぱなうちですね。<u>あんな</u>うちに
住みたいですね。

5.

きょうの宿題は漢字です。
100おぼえてきてください。

えっ。<u>そんなに</u>たくさんですか。
もうちょっと少なくしてください。

Conversation Drills

1. Visiting　訪問のあいさつ（S-1）
ほうもん

a.　Greeting outside the entrance　玄関の外でのあいさつ
げんかん　　　そと

> A：（sound of chime）ごめんください。
>
> B：はい。どなたですか。
>
> A：<u>こんばんは</u>。Aです。
>
> B：あ、Aさん。<u>こんばんは</u>。

　　こんばんは

1. こんにちは
2. おはようございます

b.　At the entrance　玄関で

> A：あっ、Bさん、｛よくいらっしゃいました。⬆
> 　　　　　　　　いらっしゃい。
>
> B：こんにちは。
>
> A：どうぞ｛<u>お上がりください</u>。⬆
> 　　　　　あ
> 　　　　　<u>上がってください</u>。
>
> B：はい。失礼します。
> 　　　　しつれい

　　上がる

1. 入る　　　　2. コートをかける　　　3. このスリッパをはく
　はい

c. At the door of one's friend's room　友だちの部屋で

A：（ノック）こんにちは。

B：どなたですか。

A：Aです。

B：あ、Aさん。こんにちは。

A：きょうは、どうも。

B：どうぞ、入って。↗

入って

1. 上がって　　　2. すわって

2．Giving a present　プレゼントをわたす（Gl. 3）

a.

A：あのう、これ、国のおかしなんですが。
　みなさんでどうぞ。

B：いや。そんな心配しないでください。

A：でも、ほんの気持ちですから。

B：そうですか。じゃ、どうも。

国のおかし

1. クッキー　　　2. くだもの　　　3. 国のおみやげ

b.

A：これ、おみやげ。
　みんなで、飲んで。

B：わぁ。ありがとう。これ何。

A：ワインなんだ。

B：あ、そう。じゃ、みんなで飲みましょうか。

飲む　　ワイン

59

1. 食_たべる　クッキー
2. 聞_きく　国_{くに}の音楽_{おんがく}
3. 飲_のむ　お茶_{ちゃ}

3．Meal　食事_{しょくじ}（GI. 4）

a.　Being served a meal　食_たべ物_{もの}をすすめられる

a-1.

> A：何_{なに}もございませんが。
> B：わあ。おいしそうですね。
> A：どうぞ。ごえんりょなく。
> B：いただきます。

a-2.

> A：おいしいかどうか、わからないけど。
> B：わあ。おいしそう。
> A：食_たべてみて。
> B：いただきます。

b.　Offering a drink　飲物_{のみもの}をすすめる

b-1.

> A：ビール、いかがですか。
> B：はい。いただきます。

b-2.

> A：コーヒーか紅茶、いかがですか。
> B：じゃ、紅茶お願いします。
> A：ミルクにしますか、レモンにしますか。
> B：ミルク、お願いします。

コーヒーか紅茶　　ミルク／レモン

1. コーヒーか紅茶　　ブラック／ミルク
2. コーヒーか紅茶　　ホット／アイス

4．Declining an offer　申し出をことわる（GI. 4）

a.　Declining a meal　食事をことわる

> A：ご飯、いかがですか。
> B：いいえ。もう、おなかがいっぱいです。
> A：そうですか。
> B：ごちそうさまでした。

b.　Declining a drink　飲みものをことわる

b-1.

> A：ビール、いかがですか。
> B：すみません。アルコールはだめなんです。
> A：そうですか。じゃ、ジュースは。
> B：はい。お願いします。

b-2.

> A：もう一杯いかがですか。
> 　　　いっぱい
> B：いいえ。もうけっこうです。
> A：そうですか。

c. Giving the reason why one cannot eat something　食べられないということを
　　　　　　　　　　　　　　　　　　　　　　　　　　　　　　た
伝える
つた

> A：あのう。豚肉は食べられないんです。
> 　　　　　　ぶたにく
> B：あら。
> A：イスラム教では、豚肉はだめなんです。
> 　　　　　　きょう
> B：そう。ごめんなさい。知らなかったもので。
> 　　　　　　　　　　　　　し

豚肉	イスラム教では、豚肉はだめだ
1. 牛肉 　　ぎゅうにく	ヒンズー教では、牛肉は食べられない 　　　　　　　　　　　　　　　　た
2. 肉 　　にく	菜食主義なので、肉はだめだ 　さいしょくしゅぎ
3. 生の魚 　なま　さかな	生の魚は、まだ食べたことがない
4. なっとう	なっとうは、どうしても食べられない
5. たまご	アレルギーで、たまごは食べられない

d. After having eaten　食事のあとで
　　　　　　　　　　　　しょくじ

> A：ごちそうさまでした。
> B：いいえ。おそまつさまでした。
> A：とっても、おいしかったです。

5．Talking about one's family　家族のことを話す（S-2）
かぞく　　はな

a.

Information card

名前：ヤン
なまえ

家族：㊀結婚・独身
かぞく　けっこん　どくしん

子供2人
こどもふたり

男の子4才
おとこ　こ　さい

女の子1.5才
おんな　こ

A：ヤンさん、お子さんは。

B：二人います。

A：おいくつですか。

B：上が男の子で、4才。
　　うえ

　　下が女の子で、1才半なんです。
　　した　　　　　　　　　はん

名前：アン
なまえ

家族：結婚・㊀独身
かぞく　けっこん　どくしん

両親
りょうしん

兄　　医者
あに　　いしゃ

妹　　学生
いもうと　がくせい

A：アンさん、ご家族は。

B：両親と、兄と妹です。

A：ああ、そうですか。

B：兄は医者で、妹は学生なんです。
　　いしゃ

名前：ジャジャ
なまえ

家族：㊀結婚・独身
かぞく　けっこん　どくしん

父　　（死亡）
ちち　　しぼう

母　62才
はは　　さい

妻
つま

A：ジャジャさん、ご家族は。

B：母と家内だけです。

A：そうですか。

B：父は、なくなりました。

☆b. Looking at a photograph 写真を見ながら
しゃしん み

> A：これが、子どもたちです。
> こ
>
> B：かわいい子どもさんですね。
>
> A：ええ。上が４才で、下が１才半なんです。
> うえ した はん
>
> B：会いたいでしょうね。
> あ

子どもたち	かわいい子どもさん	上が４才で下が１才半だ
1. 家内 かない	きれいな奥さん おく	心理学を研究している しんりがく けんきゅう
2. 両親 りょうしん	お元気そう げんき	兄といっしょに住んでいる あに す
3. 母 はは	お若い わか	高校の先生だ こうこう せんせい

６．Taking leave 話を切り上げる（S-3a）
はなし き あ

> A：もう、そろそろ失礼します。（Looking at the watch）
> しつれい
>
> B：きょうは、もっとゆっくりしていってもいいん｛だろう。 ♪
> でしょう。
>
> A：ええ。でも、あした、日本語のテストがありますから。
> にほんご
>
> B：ああ、｛そうか。
> そうですか。｝それじゃ、また。
>
> A：きょうは、どうもありがとうございました。
>
> B：いや、何のおかまいもしませんで。
> なん

あした日本語のテストがあります

1. もう遅いです
   おそ
2. あしたの準備があります
   じゅんび
3. ゼミの発表の準備があります
   はっぴょう
4. レポートを書かなければなりません
   か
5. あした早く東京に行かなければなりません
   はや とうきょう い

7. Leaving 帰る（S-3b）

A：きょうは、本当にごちそうさまでした。

B：いいえ、何のおかまいもしませんで。

A：ほんとうに楽しかったです。

B：また、来てくださいね。

A：はい。じゃ、
　　おやすみなさい。
　　さようなら。
　　失礼します。

B：おやすみなさい。

8. Role play ロールプレイ

1.
> You are invited by your professor. Talk about your family while taking a meal.
>
> 指導教官の家に招待されました。食事をしながら、家族のことを話しなさい。

2.
> You are invited to stay at your friend's house overnight. You don't know how to take a Japanese bath, so ask your friend.
>
> 日本人の友だちの家に招待されて泊まりました。おふろの入り方が分かりません。友だちに入り方の説明を聞きなさい。

3.
> You went to the house of a Japanese for a homestay.
> There are many dishes but since you are vegetarian, you can only eat vegetables. Explain to the wife of your host why you cannot eat meat.
>
> ホームステイで日本人の家庭に行きました。
> ごちそうがたくさん作ってありますが、あなたは菜食主義なので、野菜しか食べられません。奥さんに食べられない理由を説明しなさい。

Tasks and Activities

1. さよならパーティー　Farewell party

山田さんの会社の友だちの佐藤さんは、ロンドンに行くことになりました。山田さんは「さよならパーティー」をすることにしました。

テープは山田さん夫婦の会話です。奥さんは次のことばを、どの意味で使っていますか。正しい意味に〇をつけなさい。

      Yamada-san's colleague, Sato-san, is going to be transferred to London. Yamada-san has decided to give a farewell party for him. The following is a conversation between Yamada-san and his wife. Mark with ○ the correct eguivalent of the words used by Yamada-san's wife.

1. いらっしゃる　（a. いる　　b. 行く　　c. 来る）

2. いらっしゃる　（a. いる　　b. 行く　　c. 来る）

3. めしあがる　　（a. 食べる　b. 飲む）

4. いらっしゃる　（a. いる　　b. 行く　　c. 来る）

2．おくりもの　Presents

a. リサさんは友だちの結婚式とパーティーに招待されました。お祝いに何をあげ
たらいいのかわからなかったので、いっしょに結婚式に出る山中さん（男40歳）
と吉田さん（女23歳）に聞いてみました。テープを聞いて、表を完成させなさい。

Lisa-san is invited a wedding ceremony and party. She needs to know some
Japanese customs to deciede what she should give as a wedding gift. Therefore,
she asked har friends, Mr. Yamanaka (40 year-old) and Miss Yoshida (23 year-
old). Listen to the tape and fill in the chart below.

	山中さん	吉田さん
あげるもの gift		
理由 reason		
あげない方が いいもの unsuitable item		
理由 reason		
リサさんへの アドバイス advice for Lisa		

67

b. お中元とお歳暮　Mid-summer and end-of-year gifts

日本人は年に２回、夏と冬に、お世話になった人にプレゼントをおくる習慣があります。ある会社が東京と大阪の主婦300人に聞いたら、90％以上の人がお歳暮をおくると答えたそうです。おくる数は平均5.6件で、予算は１件あたり4800円でした。下の表はお歳暮におくりたいものともらいたいもののリストです。

世話になる　to be indebted　習慣　custom　主婦　housewife
平均　average　件　number of gifts　予算　budget　あたり　per

お歳暮におくりたいものともらいたいものベスト５

	おくりたいもの	もらいたいもの
1	ハム　ソーセージ　ham, sausage	商品券　gift voucher
2	ビール　beer	ビール
3	のり　sea weed	調味料　食料油　seasoning, cooking oil
4	産地直送の食料品 food direct from the producing area.	石けん　洗剤　soap, detergent
5	コーヒー　coffee	コーヒー

1993年11月14日朝日新聞「商品券が一番欲しいお歳暮アンケート」より
東京と大阪の主婦300人に対するアンケートの結果

c. おくりものをする習慣について、先生やクラスの友だちにインタビューをして、後で報告してください。

　　Do you have a custom to give a present in the following situations? First, interview your teacher or friends, then report about the results.

　　１．友だちが結婚するとき（Friend's wedding）
　　２．家族の誕生日（Family member's birthday）
☆３．友だちの家族がなくなったとき（Friend's family's funeral）
☆４．そのほかのとき、母の日、訪問するときなど
　　（Other occasion e.g. Mother's Day, visiting someone's house）

3. お礼のはがきを書く　Write a Thank-you card

a. アニルさんは、きのうの晩、木村先生のお宅に 招 待されました。それで、お礼
のはがきを書きました。読んでみましょう。

Anil was invited to Kimura-sensee's house last night, and Anil has just
written a thank-you card. Let's read it.

先日は．お忙しいところ
先生のお宅に ご招待いただき
ありがとうございました 。

はじめて 日本人のお宅に
おじゃましましたが、料理も
おいしくて、とても楽しかった
です。

本当に ありがとうござい
ました。これからもよろしく
お願い いたします。

4月8日

アニル・シャルマ

先日 *the other day*
せんじつ

お忙しいところ
いそが

　when you are(were) busy

いただき＝いただいて

　V(base)＝[V-te]

おじゃまする

　to visit (humble)

上のはがきは、次のような構成になっています。
うえ　　　　　つぎ　　　　こうせい

The card above has the following structure.

①先日は、＿＿＿＿＿＿＿
せんじつ
　＿＿＿＿ていただきありがとう
　ございました。

② ＿＿＿＿＿＿でしたが、
　＿＿＿＿＿＿です。

③本当にありがとうございまし
ほんとう
　た。これからもよろしくお願
　　　　　　　　　　　　　ねが
　いします。

① お礼　opening(thanks)
れい

② 感想　comments(impressions)
かんそう

③ おわりのことば　closing

b. 下の3つのお礼のはがきを読んで、①お礼 ②感想 ③おわりのことばは、どれ
かマーク（①＿＿、②＿＿、③＿＿）をつけてください。

Read the following three cards and put the numbers as follows.
① expressing thanks　②describing impressions　③ closing

例

①先日は、パーティーに さそって
いただき ありがとうござい
ました。
②日本語が あまりうまく
話せませんでしたが、友だちが
たくさんできました。③本当に
どうも ありがとうございまし
た。また さそって下さい。

3月5日
サトウ・マリ

1

先日，京都を案内して
いただき ありがとうございました。
　京都のことは よく知りません
でしたが，とても静かで
美しい町でした。本当に
楽しかったです。また遊びに
行きたいと思っています。
　その時には よろしくお願い
します。

4月7日
ジョン・ヘンリー

2

先日はお忙しいところ、大切な本を
貸していただき、ありがとうございま
した。読むのは大変でしたが、とても
役に立ちました。またほかの本も
読んでみようと思っています。
これからもよろしくお願いいた
します。

五月三十一日
マイケル・ジャクソン

1　案内する to show someone around
　　あんない
　　美しい beautiful
　　うつく

2　大切な valuable
　　たいせつ
　　役に立つ useful
　　やく　た

70

c. 先生や友だちにお礼のはがきを書いてみましょう。(例　食事に招待された。
プレゼントをもらった。)

Let's write a thank-you card. (ex. having been invited to a meal, been given a present)

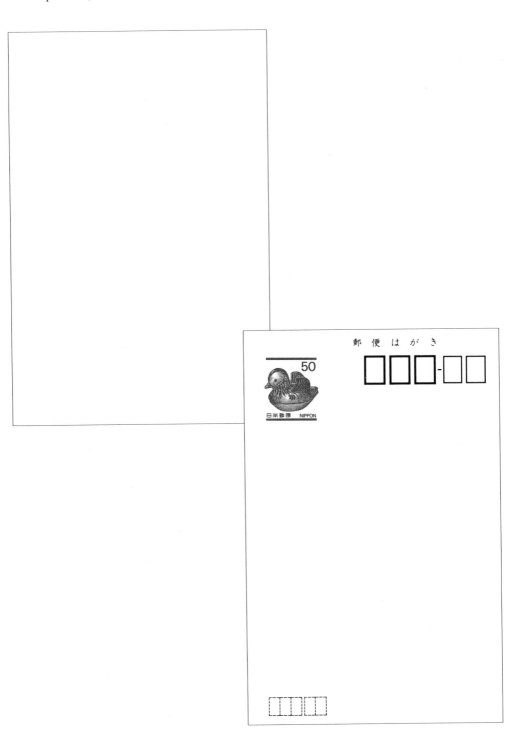

Lesson 20

コピー機を使う
き　つか
Using a photocopier

● *New Words in Drills*

・ is used only in Conversation Drills

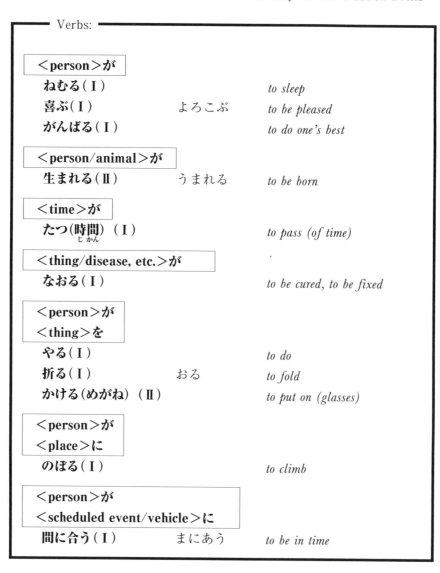

Verbs:

＜person＞が		
ねむる（Ⅰ）		*to sleep*
喜ぶ（Ⅰ）	よろこぶ	*to be pleased*
がんばる（Ⅰ）		*to do one's best*
＜person/animal＞が		
生まれる（Ⅱ）	うまれる	*to be born*
＜time＞が		
たつ(時間)（Ⅰ）		*to pass (of time)*
じかん		
＜thing/disease, etc.＞が		
なおる（Ⅰ）		*to be cured, to be fixed*
＜person＞が		
＜thing＞を		
やる（Ⅰ）		*to do*
折る（Ⅰ）	おる	*to fold*
かける(めがね)（Ⅱ）		*to put on (glasses)*
＜person＞が		
＜place＞に		
のぼる（Ⅰ）		*to climb*
＜person＞が		
＜scheduled event/vehicle＞に		
間に合う（Ⅰ）	まにあう	*to be in time*

---- Nouns: ----

ディズニーランド		*Disneyland*
雪	ゆき	*snow*
富士山	ふじさん	*Mt. Fuji*
てつや		*all night*
ゲーム		*game*
スイッチ		*switch*
料金	りょうきん	*fee, ~ bill*
小学生	しょうがくせい	*schoolchildren*
～ずつ		*~ each*
一度も	いちども	*not even once (＋neg.)*
何度も	なんども	*many times*

---- Adjectives and connectives: ----

からい		*hot (taste)*
親しい	したしい	*intimate, close*
大好き（な）	だいすきな	*to be very fond of*
まず		*first*
さらに		*further*
最後に	さいごに	*lastly*

● *Additional New Words in Drills*

---- Other nouns: ----

資料	しりょう	*materials, data*
データ		*data*
マニュアル		*manual*
ファックス		*fax*
折り紙	おりがみ	*origami*
消しゴム	けしゴム	*eraser*
高速バス	こうそくバス	*express bus*
春	はる	*spring*
冬	ふゆ	*winter*

Other adjectives:

やわらかい		*soft*
かたい		*hard*
強い	つよい	*strong*

Verbs for cooking:

ふっとうする		*to come to boil*
煮る	にる	*to cook*
ゆでる		*to boil*
まぜる		*to mix*
火にかける	ひにかける	*to put on a stove*
いためる		*to fry in oil*
とかす		*to melt*
味をつける	あじをつける	*to season*
かける		*to sprinkle*
用意する	よういする	*to prepare*
のせる		*to put on*
できあがる		*to be ready*

Verbs for copy machine, tape recorder:

録音する	ろくおんする	*to record*
回る	まわる	*to turn*
セットする		*to set*
調節する	ちょうせつする	*to adjust*
拡大する	かくだいする	*to enlarge*
縮小する	しゅくしょうする	*to reduce*

Nouns for cooking:

なべ		pot, pan
フライパン		frying pan
スープのもと		stock cube/powder
調味料	ちょうみりょう	condiment
じゃがいも		potato
たまねぎ		onion
マヨネーズ		mayonnaise
だし		broth
鳥肉	とりにく	chicken
味	あじ	taste
ねぎ		spring onion
ベーコン		bacon
バター		butter
こしょう		pepper
パルメザン・チーズ		parmesan cheese

Nouns for copy machine, tape recorder:

原稿	げんこう	original
トレイ		tray
濃度	のうど	darkness
カセット		cassette
ふた		lid
カバー		cover
下向き	したむき	up side down

Structure Drills

1. 例のように会話を作りなさい。
れい かいわ つく

東京ディズニーランドへ行く
とうきょう い

→ Q：東京ディズニーランドへ行ったことがありますか。

A：｛ ええ、行ったことがあります。
いえ、行ったことがありません。

1. 着物を着る　着たことがあね
きもの き
2. 雪を見る　見たことがあね
ゆき み
3. 日本で病気になる　病気になった　4. 富士山に登る　登ったことがあね
にほん びょうき　　ことがある　　ふじさん のぼ
5. 日本人の家に招待される　6.　？　何度ったことがあね
じん いえ しょうたい
招待されたことがある

2. 例のように、□□□の中からことばを選んで会話を作りなさい。
なか えら

京都へ行く
きょうと

→ Q：京都へ行ったことがありますか。

A：＜先週＞　→　ええ、先週行きました。
せんしゅう

＜何度も＞　→　ええ、何度も行ったことがあります。
なんど

＜一度も＞　→　いえ、一度も行ったことがありません。
いちど

1. すしを食べる
た
2. てつやをする
3. ○○さんに会う
あ
4. 図書館で本を借りる
としょかん ほん か
5. 先生にほめられる
せんせい
6.　？

去年 きょねん	一度	一度も
先月 せんげつ	2回 かい	一回も いっかい
先週	何度も	まだ
おととい	何回も なんかい	

3. 例のように文を作りなさい。
ぶん

この料理を作る　→　この料理の作り方を教えてください。
りょうり つく　　　　　　　かた おし

1. この機械を使う
きかい つか
2. 宅急便を送る　で だす
たっきゅうびん おく
3. このゲームをやる
4. ごみをすてる
すて方

5. 電気料金を払う　　　　　6. 成田空港へ行く
　　でんき りょうきん はら　　　　　なり た くうこう い
　　　　　　　　　　　　　　　　　　　　　　への

4. 例のように会話を作りなさい。
　　れい　　　かいわ　つく

　　　　ワープロを使う　→　A：ワープロの使い方がわからないんですが。
　　　　　　　　つか
　　　　　　　　　　　　　　B：私、使ったことがありますよ。
　　　　　　　　　　　　　　　　わたし
　　　　　　　　　　　　　　A：じゃあ、教えていただけますか。
　　　　　　　　　　　　　　　　　　おし
　　　　　　　　　　　　　　B：ええ、いいですよ。

　　1. お金を送る　　　　　　　2. このコンピュータを使う
　　　　かね おく
　　3. 新幹線の切符を買う　　　4. ホテルの予約をする
　　　　しんかんせん きっぷ か　　　　　　　　　　よやく
　　　　　　　　　　　　は
　　5. 予約を取りけす　取りけし方　6. 羽田空港へ行く
　　　　　と　　　　　　　　　　　　　　　はね だ くうこう い
　　　　　　CANCEL　　　　　　　　　　への

5. 例のように文を作りなさい。
　　れい　　　ぶん

　　　　薬を飲みます　+　かぜがなおります
　　　くすり の
　　　→　薬を飲めば、かぜがなおります。

　　1. 事務室で聞きます　+　わかります
　　　　じ む しつ き
　　2. スイッチを入れます　+　動きます
　　　　　　　　い　　　　　　うご
　　3. アニルさんに頼みます　+　やってくれますよ
　　　　　　　　　たの
　　4. 時間がたちます　+　忘れられます
　　　　じ かん　　　　　　わす
　　5. タクシーで行きます　+　間に合いますよ
　　　　　　　　　　　　　　ま あ
　　6. がんばります　+　だいじょうぶです
　　7. 電話をかけてあげます　+　喜びますよ
　　　　でん わ　　　　　　　　　　よろこ
　　8. 忙しいです　+　行きません
　　　　いそが
　　9. わかりません　+　だれかに聞きます
　　10. 毎日漢字を5つずつおぼえます　+　1か月で　　？
　　　　まいにちかん じ　　　　　　　　　　いっ げつ
　　11. 寒いです　+　　　　？
　　　　さむ
　　12. 　　　？　　+　日本語がもっとうまくなると思います
　　　　　　　　　　　　にほん ご　　　　　　　　　　おも

6. 例のように会話を作りなさい。

何で来ますか 　　　　　　　　＜大学へ来る＞

→　Q：大学へ来るとき、何で来ますか。

　　A：地下鉄で来ます。

1. 何を持っていきますか 　　　　＜旅行に行く＞
2. どんなことをしますか 　　　　＜ひまだ＞な
3. 何をしますか 　　　　＜ねむれない＞ ひつじをかぞえます COUNT.
4. 何になりたかったですか 　＜小学生＞の
5. 何を買っていきますか 　　　　＜国へ帰る＞
6. 何と言いますか 　　　　　　＜電話番号をまちがえた＞
7. どうやってなおしますか 　＜かぜをひいた＞

7. 正しい形を選びなさい。

1. ＜運転する／運転した＞ときは、いつもめがねをかける。
2. 日本へ＜来る／来た＞とき、日本の友だちにおみやげをたくさん買った。
3. 京都へ＜行く／行った＞とき、お寺にカメラを忘れてきた。
4. バスを＜降りる／降りた＞ときにお金を払う。
5. 駅から家に＜帰る／帰った＞とき、タクシーに乗った。
6. はじめて＜会う／会った＞ときから、彼女のことが忘れられない。

☆8.「は」と「が」に注意して、文を作りなさい。

1. 私が子どものとき、＿＿＿＿＿＿＿＿＿＿＿＿＿＿＿＿＿＿＿＿＿＿＿。

2. 私は、子どものとき、＿＿＿＿＿＿＿＿＿＿＿＿＿＿＿＿＿＿＿＿＿。

3. 私が日本へ来るとき、＿＿＿＿＿＿＿＿＿＿＿＿＿＿＿＿＿＿＿＿＿。

4. 私は、日本へ来るとき、＿＿＿＿＿＿＿＿＿＿＿＿＿＿＿＿＿＿＿＿。

9. 例のように文を作りなさい。

　　山下さんは少し遅れます。　→　<u>山下さんは少し遅れる</u>かもしれません。

1. 来週は忙しくなります。
2. この辞書はアニルさんのです。
3. このカレーは、日本人にはちょっとからいです。
4. 先生にご相談したほうがいいです。　いいかもしれません。
5. のどが痛いので、かぜです。
6. あまり勉強しなかったから、あしたの試験はだめです。
7. 　　？

10. 例のように文を作りなさい。

このスープはからい。

→　このスープはからすぎます。

1. 　短すぎ　ズボン
2. 　大きすぎ
3. 　難しすぎ
4. 　まじめ　まじめすぎ
5. 　忙しすぎ
6. 　食べすぎ

7.

ありがとう
ございました

買いすぎ

8.

10000
10000
10000
10000

使いすぎ

☆11. A．1.〜5.の「も」は、B．1.〜5.のどの「も」と同じですか。
ペアを作りなさい。

Each sentence in groups A and B contains a different function for the particle 「も」. Choose the sentences from each group that use 「も」 in the same way.

A．1. 私も妻も日本料理が大好きだ。

2. アニルさんは一度も授業を休んだことがない。

3. 何時間もかかって手紙を書いた。

4. 山本さんは一日に5時間もテレビを見る。

5. きのうの日曜日はどこにも行かなかった。

B．1. ディズニーランドには何回も行ったことがある。

2. 私は生まれたとき、4000gもあった。

3. 山田さんは親しい友だちが一人もいない。

4. けさは時間がなかったので、何も食べなかった。

5. 時間もないし、お金もない。

Conversation Drills

1. Creating an opening for talking　会話のきっかけを作る（S-1）
かい わ　　　　　つく

a.　When your friend is doing something　友だちに話しかける
とも　　　はな

> A：何 ｛見て / して｝ んの。↗
> なに み
>
> B：ゼミの資料、見てるんだけど。
> し りょう

ゼミの資料を見ている

1. 機械のマニュアルを読んでいる
き かい　　　　　　　　　　　　よ
2. ゼミの資料をコピーしている
3. 英語の手紙を書いている
えい ご　て がみ　か
4. フランスの音楽を聞いている
おん がく　き
5. インドのおかしを作っている
6. 折り紙を折っている
お　がみ　お
7. 家族の写真を見ている
か ぞく　しゃしん
8. 旅行について話している
りょこう
9. your choice

b.　Speaking politely　ていねいに話す

> A：あのう、何を ｛コピーしてる / して（い）る｝ んですか。
>
> B：｛ゼミの資料な / ゼミの資料をコピーしてる｝ んですけど。

Look at the pictures and talk to him/her.

1.
2.
3.

81

4. 　　5. 　　6.

c.　When s/he seems to have trouble　困っている様子の人に

> A：｜どうなさったんですか。⬆️📱
>
> 　｜どうしたんですか。📱
>
> 　｜どうしたの。🙂
>
> B：あの、ゼミの資料、コピーしたいんですけど。

ゼミの資料をコピーする

1. ワープロを使う　　2. 電話をかける　　3. 木村先生に会う
4. 辞書を借りる　　5. 先生に相談する　　6. 宿題を出す
7. ファックスを送る　　8. 田中さんと話す　　9. タクシーを呼ぶ
10. your choice

d.　Talking about the weather　天気について話す

雨が降っている日

> 📱
>
> A：よく降りますね。
>
> B：そうですね。

1. 寒い冬の日 　　2. 暑い夏の日 　　3. 暖かい春の日

4. 天気がいい日
   てん き ひ

5. 風が強い日
   かぜ つよ

6. your choice

2. Asking for something to be done for you　頼む（S-3）
たの

a. Asking your friend　友だちに頼む
とも

> A：<u>やり方、教えて</u>　｜ もらえない／もらえる ｜（かな）。
> 　　かた　おし　　　｜ くれない　／くれる　｜（かしら）。👨
>
> B：｜ いいよ。
> 　　｜ いいわよ。👩

やり方を教える

1. 消しゴムを貸す
   け　　　　か
2. ちょっと手伝う
   　　　てつだ
3. このボタンを押す
   　　　　　　お
4. そこへ連れて行く
   　　　つ　い
5. 辞書を持ってくる
   じしょ　も
6. 友だちを紹介する
   とも　　しょうかい
7. 手紙を書く
   てがみ　か
8. your choice

b. Asking a question before introducing your request　質問してから頼む
しつもん

> A：<u>コピー機、使ったことある。</u>↗
> 　　　き　つか
> B：うん。
> A：<u>縮小コピー</u>したいんだけど、やり方、教えてもらえないかな。
> 　　しゅくしょう
> B：｜ いいよ。
> 　　｜ いいわよ。👩

コピー機　　　　縮小コピーする

1. ワープロ　　　手紙を書く
2. ファックス　　書類を送る
3. この機械　　　データを調べる
4. 折り紙　　　　国の友だちに見せる
5. 大学の図書館　本を借りる
6. 高速バス　　　東京駅へ行く
7. コピー機　　　拡大コピーする
8. your choice

☆c.　Asking politely　ていねいに頼む

A：ケーキ、作ったことがありますか。

B：ええ。

A：実は、誕生日に友だちにプレゼントしたいんですけど、

　　作り方、教えて｛ もらえませんか／もらえないでしょうか。
　　　　　　　　　　 いただけませんか／いただけないでしょうか。

B：いいですよ。

ケーキ　　誕生日に友だちにプレゼントする

3. Explaining a procedure　やり方を説明する （S-2）

a.　Simple procedure　かんたんな手順 PROCEDURES

A：原稿をここに置いて、

B：うん。

A：コピー枚数を10にセットして、

B：10ね。

A：用紙のサイズはB5にして（ね）、

B：うん。

A：B4からB5だから、このボタンを押す

んだ。 🕴

の。 🧍

B：このボタン（ね）。

A：そう。で、スタートボタンを押せばいい

んだ。 🕴

の。 🧍

B：うん、わかった。

10部 **B4→B5**

1. 5部　　B5→A4　　　　　2. 8部　　B4→A4

3. 12部　　A4→B4　　　　　4. 3部　　A4→B5

5. 7部　　B4　　　　　　　6. 9部　　A4

7. 16部　　B5→B4　　　　　8. your choice

☆b.　Explaining a recipe　料理の説明
りょうり　せつめい

A：まず、野菜を小さく切って、
　　　　やさい　ちい　き

B：はい。

A：なべに水といっしょに入れてください。
　　　　みず　　　　　　い

B：水といっしょにですね。

A：ええ。ふっとうしたら、スープのもとを入れて、

B：ふっとうしたら、スープのもとね。

A：そう。それから、調味料を入れます。
　　　　　　　ちょうみりょう

B：調味料。

A：あとは、野菜がやわらかくなるまで煮ます。
　　　　　　　　　　　　　　　に

B：はい。

A：やわらかくなったら、チーズを入れて、できあがり。

B：なるほど。

ふっとうさせる make it boil.

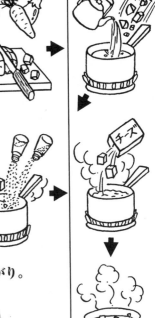

野菜　　切る　　なべ　　ふっとうする　　スープのもと　　調味料
　　　　　　　　　　　　TO BOIL　　　　　　　　BROTH

やわらかくなる　　煮る　　チーズ

MAKE SOFT

85

1. じゃがいも　　３つ　　なべ　　水（みず）　　ゆでる　　やわらかくなる
すてる　　たまねぎ　　４分（ぶん）の１　　マヨネーズ　　まぜる

2. なべ　　だし　　ふっとうする　　鳥肉（とりにく）　　酒（さけ）　　しょうゆ　　さとう
味（あじ）をつける　　煮（に）る　　ねぎ　　たまご　　かたくなる　　ごはん
のせる

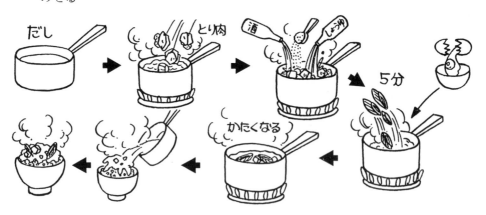

3. Explain a recipe you know in Japanese.

あなたの知（し）っている料理（りょうり）を日本語（にほんご）で説明（せつめい）してください。

4. Following instructions　説明を聞いて、やってみる
せつめい　　き

a. Listen to the instructions and complete the memo, then answer the questions.

説明を聞いて、メモをとりなさい。

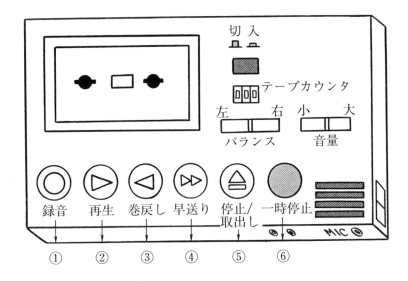

切 入

テープカウンタ

左　右　小　大

バランス　音量

録音　再生　巻戻し　早送り　停止/　一時停止
　　　　　　　　　　　　　取出し

①　　②　　③　　④　　⑤　　⑥

MIC

［メ　モ］Memo

まず、(　　　　　　　　　) のボタンを押すと、(　　　　　　　) から、
　　　　　　　　　　　　　　　　　　　　お

　　ここにカセットを入れる。
　　　　　　　　　　い

次に、(　　　　　　　　) のボタンを押す。
つぎ

そして、テープが全部もどったら、(　　　　　　　　　) のボタンと
　　　　　　　　　ぜんぶ

　　その (　　　　) のボタンをいっしょに押す。

テープが回りはじめたら、マイクに向かって話すと、声が録音できる。
　　　　　まわ　　　　　　　　　　　　む　　　　はな　　　こえ　ろくおん

［質　問］Which button will you push when you want to do the following a. ～ e.:
しつ　もん

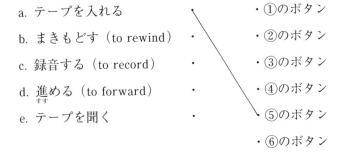

　　a. テープを入れる　　　　　・①のボタン

　　b. まきもどす（to rewind）・　　・②のボタン

　　c. 録音する（to record）・　　・③のボタン

　　d. 進める（to forward）・　　・④のボタン
　　　　　すす

　　e. テープを聞く　　　　　・⑤のボタン

　　　　　　　　　　　　　　　・⑥のボタン

b. Listen to the instructions while looking at the illustration, complete the memo, then answer the questions. 下の図を見ながら、説明を聞いて、あとの質問に答えなさい。

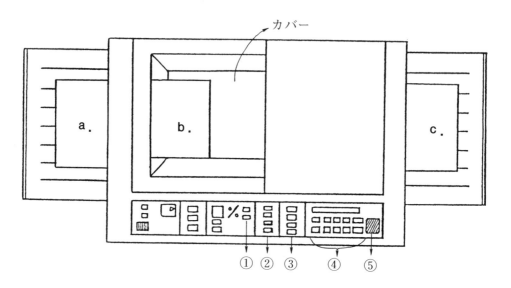

[メ　モ] Memo

まず、＿＿＿＿＿＿＿＿＿＿＿＿＿＿＿＿＿＿＿＿＿＿＿＿＿＿

＿＿＿＿＿＿＿＿＿＿＿＿＿＿＿＿＿＿＿＿＿＿＿＿＿＿＿＿＿

次に、＿＿＿＿＿＿＿＿＿＿＿＿＿＿＿＿＿＿＿＿＿＿＿＿＿＿

それから、＿＿＿＿＿＿＿＿＿＿＿＿＿＿＿＿＿＿＿＿＿＿＿＿

＿＿＿＿＿＿＿＿＿＿＿＿＿＿＿＿＿＿＿＿＿＿＿＿＿＿＿＿＿

そして、＿＿＿＿＿＿＿＿＿＿＿＿＿＿＿＿＿＿＿＿＿＿＿＿＿

最後に、＿＿＿＿＿＿＿＿＿＿＿＿＿＿＿＿＿＿＿＿＿＿＿＿＿

[質　問]（1）コピーは、{a. b. c.} のところに出てくる。

（2）次のことをしたい場合、どのボタンを押しますか。

　　　　a. コピー枚数のセット　　・　　　　・①のボタン

　　　　b. トレイのボタン　　　・————・②のボタン

　　　　c. 縮 小／拡大　　　　　・　　　　・③のボタン

　　　　d. コピー濃度の調節　・　　　　・④のボタン

　　　　e. スタート　　　　　・　　　　・⑤のボタン

☆c.   Let's make a Samurai's helmet. Listen to the instructions while looking at the

illustration, and make the Origami.　折り紙の「かぶと」を作りましょう。下の

図を見ながら、説明を聞いて、折りなさい。

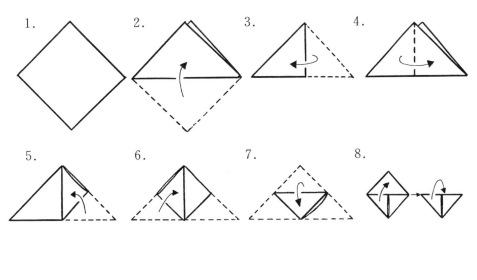

1.　　　　2.　　　　3.　　　　4.

5.　　　　6.　　　　7.　　　　8.

9.　　　10.　　　11.　　　12.

できあがり　　　　　　　　　　かぶと

5.　Giving Aizuchi while listening to the instructions　あいづちをうつ

あいづち

はあ、はい、ええ、うん、ふうん、なるほど
そう（ですか）↘、 <u>repeat</u> （んですか）↘、 <u>repeat</u> ね↗

聞き返し
きかえ

は↗、え↗、何ですって↗
　　　　なん
すみません、もう一度言ってください（ませんか）
　　　　　　いちど い

---

6. Expressing one's opinion　意見を言う（S-4）
　　　　　　　　　　　　　　　い けん

a.　To your friend　友だちに
　　　　　　　　　　とも

A：これ、ちょっと<u>こすぎる</u>かな。

B：どれ（どれ）。ううん、{ ちょっと<u>こすぎる</u>かもしれないね。
　　　　　　　　　　　　　 そんなに<u>こくない</u>んじゃない。↗

こい

1. 大きい
　　おお

2. 長い
　　なが

3. 少ない
　　すく

4. 重い
　　おも

5. 明るい
　　あか

6. 高い
　　たか

7. 遠い
　　とお

8. はでな

9. 熱い
　　あつ

10. ふとい

11. your choice

---

b.　To a Higher　目上の人に

> A：このコピー、どうでしょうか。
>
> B：そうですね。いいんじゃないでしょうか。

このコピー

1.　この服　　2.　この部屋　　3.　私の作文　　4.　あのアパート

5.　この論文　　6.　このスープ　　7.　あの店　　8.　your choice

☆7．Putting instructions in order　説明の順序（S-2）

Read the following sentences and arrange them in proper order.

a.　Dialogue between A and B:

（1）	A：ええと、下の方にボタンが6つあるでしょう。↗
（ ）	A：それで、テープが全部もどったら、一番左のボタンと、そのとなりのボタンをいっしょに押します。
（ ）	A：カセットテープを入れて、ふたを閉めます。
（ ）	A：次に、左から3番目のボタンを押してください。
（ ）	A：まず、右から2番目のボタンを押すと、ふたが開きますから。
（ ）	A：3番目。
（ ）	A：そうです。それで、あなたの声が録音できますから。

（ ）	B：ええ。
（ ）	B：なるほど。
（ ）	B：これとこれですね。
（ ）	B：え。↗　左から何番目ですか。
（ ）	B：右から2番目ですね。
（ ）	B：あ、左から3番目ね。わかりました。
（ ）	B：わかりました。どうもありがとうございました。

b. Dialogue between A and B:

(1)	ええと、まずコピー機のカバーを開けて。
( )	ええと、じゃ、5枚。
( )	そこに原稿を下向きに置いてね。
( )	あ、これね。
( )	それから、用紙のサイズをセットして、このボタンを押して。
( )	次に、コピー枚数をセットして。
( )	下向きね。
( )	B5だから、これね。
( )	わかった。
( )	最後に、スタートボタンを押せば、いいんだ。
( )	うん。どうもありがとう。
( )	こすぎたら、このボタンを押して、濃度を調節するんだ。
( )	はい。あ、できた、できた。 でも、これちょっとこすぎるんじゃない。↗
( )	あ、今度はいいんじゃない。↗

c. Instructions

(1)	では、これから「スパゲッティ・カルボナーラ」というイタリア料理を作りましょう。
( )	次に、フライパンでベーコンをいためます。
( )	ふっとうしたら、スパゲッティを入れて、ゆでます。
( )	最後に、こしょうとパルメザンチーズをかければ、できあがり。
( )	はじめに用意するものは、スパゲッティとベーコン、たまごの黄身（yolk of an egg）、生クリーム（fresh cream）、バター、パルメザンチーズ、それにこしょうです。
( )	まず、大きいなべに水を入れて、火にかけます。
( )	そこにバターをとかして、ゆでたスパゲッティを入れます。
( )	さらに、たまごの黄身と生クリームをまぜたものをそこに入れてまぜます。

8. Role play　ロールプレイ

1. Your friend is writing a letter using the word processor.

友だちがワープロで手紙を書いています。
とも　　　　　　　　　　てがみ　か

| Talk to him/her
話しかける
はな | → | Ask how to use the machine
ワープロの使い方を聞く
つか　かた　き | → | Thanks
おれい |

2. Your friend is cooking in the kitchen.

台所で友だちが料理を作っています。
だいどころ　とも　　　りょうり　つく

| Talk to him/her
話しかける
はな | → | Ask how to prepare the dish
その作り方を聞く
つく　かた　き | → | Thanks
おれい |

☆3. A Japanese is making Origami.

日本人が折り紙を折っています。
にほんじん　お　がみ　お

| Talk to him/her
話しかける
はな | → | Ask how to make it
その折り方を聞く
お　かた　き | → | Thanks
おれい |

☆4.

Talking to the stranger while waiting for the bus.

バスを待っているとき、知らない人に話しかける。

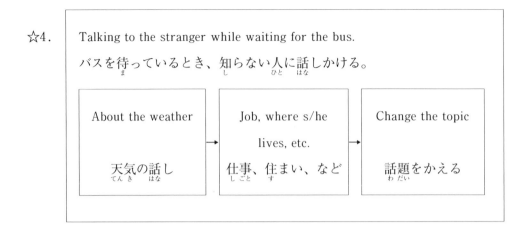

About the weather 天気の話し	→	Job, where s/he lives, etc. 仕事、住まい、など	→	Change the topic 話題をかえる

☆5. Form a small group and make a script introducing a recipe of your country. One person shows how to make the dish while explaining to an assistant. The others shoot a video and make a short cooking programme.

グループに分かれて、自分の国の料理の作り方を紹介するシナリオを作る。一人がアシスタントに説明しながら、実際に作って見せ、それをVTRにとって、料理番組を作る。

Tasks and Activities

1. 旅行の楽しみ　Pleasure of travelling

a. あなたは旅行で、何をしているときが一番楽しいですか。

What do you like to do most when travelling?

①きれいな景色を見る
　　けしき　み

②おいしい料理を食べる
　　　りょうり　た

③温泉に入る
　おんせん　はい

④部屋で友だちと話す
　へや　とも　はな

⑤おみやげを買う
　　　　か

⑥スポーツをする

⑦博物館や美術館へ行く
　はくぶつかん　びじゅつかん　い

景色 *scenery*
けしき

温泉 *hot spring*
おんせん

博物館 *museum*
はくぶつかん

美術館 *art museum*
びじゅつかん

95

b. 高橋さん、鈴木さん、山田さん、吉田さんはいつが一番楽しいと言っていますか。
テープを聞いて、前のページの①～⑦の番号を書きなさい。

When do Takahashi-san, Suzuki-san, Yamada-san and Yoshida-san think is the most enjoyable time? Listen to the tape and write the numbers of the places from ①～⑦ of the previous page.

1. 高橋 ( )	2. 鈴木 ( )
3. 山田 ( )	4. 吉田 ( )

☆c. 下の表は、日本人が旅行に行って、したいことを表にしたものです。あなたは何がしたいですか。あなたがしたい順に表に番号を書きなさい。

The following chart shows what Japanese people want to do when they travel. Rank things you want to do by writing numbers from 1 to 8

	日本人が旅行に行ってしたいこと	日本人の場合	あなたは
a	温泉に入りたい	52.3%	
b	きれいな景色を見たい	50.4%	
c	のんびり休みたい	45.8%	
d	おいしい料理を食べたり、買物をしたい	44.9%	
e	博物館や美術館へ行きたい	32.0%	
f	家族といっしょに休みたい	27.2%	
g	たくさんの人と楽しみたい	17.2%	
h	スポーツをしたい	13.6%	

（1988年の調査、総理府編『観光白書』平成2年版より）

温泉 *hot spring*　　景色 *scenery*　　のんびり *leisurely*

博物館 *museum*　　美術館 *art gallery*　　楽しむ *to enjoy*

２．東京旅行 Travel to Tokyo
とうきょうりょこう

a. あなたは東京へ行ったことがありますか。東京のどこへ行きましたか。
い

Have you ever been to Tokyo? Where have you been in Tokyo?

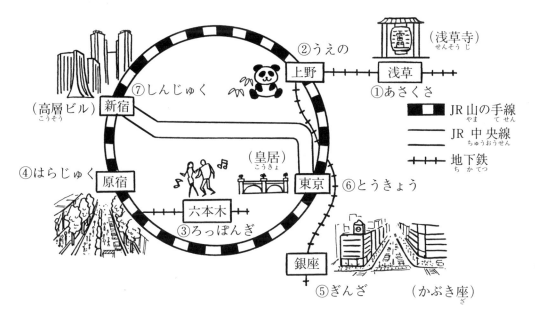

②うえの

（浅草寺）
せんそうじ

上野 ━━━ 浅草

①あさくさ

⑦しんじゅく

新宿

（高層ビル）
こうそう

（皇居）
こうきょ

東京 ⑥とうきょう

④はらじゅく

原宿

六本木

③ろっぽんぎ

銀座

⑤ぎんざ （かぶき座）
ざ

JR 山の手線
やま て せん

JR 中央線
ちゅうおうせん

地下鉄
ち か てつ

☆b. スミスさんも国の友だちと東京へ行きたいと思っています。それで友だちにど
くに とも　　　　　　　　　　　　　　　　　　おも

こへ行ったことがあるか聞いてみました。トムさん、シンさん、ナンシーさん、
き

リーさんはどこに行ったことがありますか。テープを聞いて上の地図の番号を
うえ ち ず ばんごう

書きなさい。
か

Smith-san is considering going to Tokyo with his friend from his country.
Smith-san asked if his foreign friends (Tom-san, Shin-san, Nancy-san, Lee-san)
had been to Tokyo. Smith-san also asked where they had been in Tokyo. Listen to
the tape and write ①〜⑦ of the places on the map above in the baloons below.

①②⑤

トム　　　　　シン　　　　ナンシー　　　　リー

c. スミスさんは、1泊2日の予定で東京へ行きます。はじめの日に3か所、次の日に2か所行くつもりです。スミスさんは友だちにどんなコースがいいか聞きました。それから東京のホテルの値段も聞いてみました。テープを聞いて、コースの順とホテルの宿泊代を書きなさい。

Smith-san is going to Tokyo for an overnight trip. He wants to go to three places on the first day and to two places on the next day. He asks his Japanese friends about the best route and about hotel charges. Listen to the tape and write the recommended routes and the hotel charges.

		コース	ホテルの宿泊代
1. 山本さん	はじめの日	こうきょ→はらじゅく→ろっぽんぎ	￥ 7000
	次の日	あさくさ→ うえの → 東京駅	￥ 15000
2. 上田さん	はじめの日	→ →	￥
	次の日	→ → 東京駅	￥
3. 森さん	はじめの日	→ →	￥
	次の日	→ → 東京駅	￥

d. あなただったらどんなコースにしますか。ホテルの予算も決めなさい。

Which route do you want to take? Decide on the budget for the hotel.

	場所	何をしますか
はじめの日	①	
	↓	↓
	②	
	↓	↓
	③	
次の日	①	
	↓	↓
	②	
	↓	↓
	東京駅	

ホテルの宿泊代 （　　　　　　　　　円）

3. 観光案内 Tour Guide
<ruby>観光案内<rt>かんこうあんない</rt></ruby>

あなたの国（または町）に友だちが３日間の予定で来たいと言っています。旅行
<ruby>国<rt>くに</rt></ruby> <ruby>町<rt>まち</rt></ruby> <ruby>友<rt>とも</rt></ruby> <ruby>三日間<rt>みっかかん</rt></ruby> <ruby>予定<rt>よてい</rt></ruby> <ruby>来<rt>き</rt></ruby> <ruby>言<rt>い</rt></ruby> <ruby>旅行<rt>りょこう</rt></ruby>

するのによい場所を紹介してください。
<ruby>場所<rt>ばしょ</rt></ruby> <ruby>紹介<rt>しょうかい</rt></ruby>

Your friend is planning to visit your country or city for three days. Please describe some good places to see.

a. 次の質問に答えてください。
<ruby>次<rt>つぎ</rt></ruby> <ruby>質問<rt>しつもん</rt></ruby> <ruby>答<rt>こた</rt></ruby>

1. 何月に行くのがいいですか。どうしてですか。
<ruby>何月<rt>なんがつ</rt></ruby> <ruby>行<rt>い</rt></ruby>

2. どこに行ったらいいですか。３日間のスケジュールをたててください。

スケジュール schedule たてる to make a plan

3. どうして、そこがいいですか。

4. 費用はどのくらいかかりますか。
<ruby>費用<rt>ひょう</rt></ruby>

費用 fee

5. 注意することは何ですか。持っていったほうがいいものがありますか。
<ruby>注意<rt>ちゅうい</rt></ruby> <ruby>何<rt>なん</rt></ruby> <ruby>持<rt>も</rt></ruby>

☆b. 友だちに手紙を書きましょう。地図とスケジュール表も入れてください。
<ruby>友<rt>とも</rt></ruby> <ruby>手紙<rt>てがみ</rt></ruby> <ruby>書<rt>か</rt></ruby> <ruby>地図<rt>ちず</rt></ruby> <ruby>表<rt>ひょう</rt></ruby> <ruby>入<rt>い</rt></ruby>

地図
<ruby>地図<rt>ちず</rt></ruby>

スケジュール表

	場所	何をしますか
1日目		
2日目		
3日目		

費用　交通費　travelling expenses　（　　　　　　）
　　　　　宿泊費　hotel charges　（　　　　　　）
　　　　　入場料　entrance fee　（　　　　　　）
　　　　　その他　others　（　　　　　　）

Lesson 21

苦　情
く　じょう
Complaining

● *New Words in Drills*

・ is used only in Conversation Drills

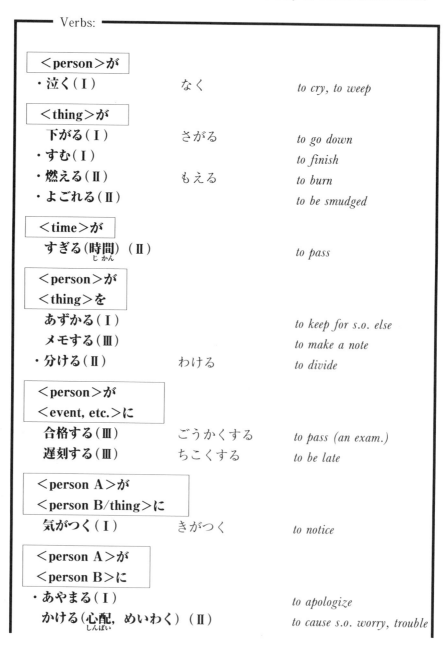

┌─ Verbs: ─────────────────────────────

＜person＞が		
・泣く（Ⅰ）	なく	*to cry, to weep*

＜thing＞が		
下がる（Ⅰ）	さがる	*to go down*
・すむ（Ⅰ）		*to finish*
・燃える（Ⅱ）	もえる	*to burn*
・よごれる（Ⅱ）		*to be smudged*

＜time＞が		
すぎる（時間）（Ⅱ）		*to pass*
じかん		

＜person＞が ＜thing＞を		
あずかる（Ⅰ）		*to keep for s.o. else*
メモする（Ⅲ）		*to make a note*
・分ける（Ⅱ）	わける	*to divide*

＜person＞が ＜event, etc.＞に		
合格する（Ⅲ）	ごうかくする	*to pass (an exam.)*
遅刻する（Ⅲ）	ちこくする	*to be late*

＜person A＞が ＜person B/thing＞に		
気がつく（Ⅰ）	きがつく	*to notice*

＜person A＞が ＜person B＞に		
・あやまる（Ⅰ）		*to apologize*
かける（心配, めいわく）（Ⅱ）		*to cause s.o. worry, trouble*
しんぱい		

───────────────────────────────────────

＜person A＞が		
＜person B＞と		
知り合う（Ⅰ）	しりあう	*to get acquainted*

Adjectives:

速い	はやい	*fast*
きびしい		*strict*
複雑（な）	ふくざつな	*complicated*

Other words:

工事中	こうじちゅう	*under construction*
ペット		*pet*
できるだけ		*as much as one can*

● *Additional New Words in Drills*

Nouns:

ウォークマン		*Walkman*
ガラス		*glass*
当番	とうばん	*turn, duty*
駐車禁止	ちゅうしゃきんし	*No Parking*
用	よう	*business*

Other words:

いいかげん（な）		*irresponsible*
大事（な）	だいじな	*important*
じゃま（な）		*disturbing*
別の	べつの	*another*
まったく		*quite*
すっかり		*completely*

Structure Drills

1. 例のように文を作りなさい。

   高すぎます・買えません　→　高すぎて、買えません。

   1. 忙しいです・電話できません
   2. 重いです・持てません
   3. 速すぎます・わかりません
   4. こわれています・使えません
   5. 工事中です・通れません
   6. 複雑です・おぼえられません

2. AとBからひとつずつことばを選んで、文を作りなさい。

   暗くて、見えません。

A		B	
雨	頭が痛い	聞こえない	せんたくできない
事故	小さすぎる	遅くなった	着られない
暗い	かぜをひく	見えない	食欲がない
うるさい		勉強できない	

3. 例のように文を作りなさい。

   a. 遅くなりました　→　遅くなって、すみません。

   1. ご心配をおかけしました
   2. 会議を欠席しました
   3. 連絡を忘れました
   4. ごめいわくをおかけしました

b.　**手伝ってくれました**　→　**手伝ってくれて、ありがとう。**
　　　　てつだ

　　1.　連絡してくれました
　　　　れんらく
　　2.　心配してくれました
　　　　しんぱい
　　3.　（うちまで）送ってくれました
　　　　　　　　　　　おく
　　4.　荷物をあずかってくれました
　　　　にもつ

4.　例のように文を作りなさい。
　　　れい　　　　ぶん　つく

a.　**忙しかった**　　　　　→　**忙しくて、大変でしたね。**
　　　いそが　　　　　　　　　　　　　　　たいへん
　　　さいふが見つかった　→　**さいふが見つかって、よかったですね。**
　　　　　　　　み

　　1.　宿題が多かった
　　　　しゅくだい　おお
　　2.　車が故障した
　　　　くるま　こしょう
　　3.　病気がなおった
　　　　びょうき
　　4.　熱が下がった
　　　　ねつ　さ
　　5.　いい天気になった
　　　　　　てんき
　　6.　かばんをぬすまれた
　　7.　試験に合格した
　　　　しけん　ごうかく

よかったですね

b.　**みんなに会えた・うれしい**　→　**みんなに会えて、うれしい。**
　　　　　　　あ

　　1.　友だちに会えなかった・残念だ
　　　　とも　　　　　　　　　　ざんねん
　　2.　両親から手紙が来た・うれしい
　　　　りょうしん　てがみ　き
　　3.　国に帰れなかった・残念だ
　　　　くに　かえ
　　4.　ペットの犬が死んだ・悲しい
　　　　　　　いぬ　し　　かな
　　5.　たくさんの人と知りあえた・うれしい
　　　　　　　　ひと　し

5. 例のように文を作りなさい。

    a. 　**1歳のとき、歩けるようになりました。**

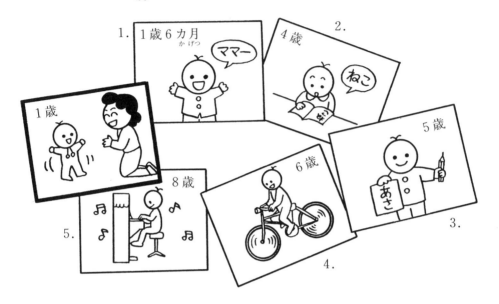

    b. 　**漢字・読める　→　日本に来てから、漢字が読めるようになりました。**

       1. 日本語・わかる　　　　2. 日本料理・作る
       3. ワープロ・使う　　　　4. 　　？

6. 例のように会話を作りなさい。

    時間に遅れない　→　A：時間に遅れないようにしてくださいね。
                      B：はい、遅れないようにします。

       1. お金を落とさない　　　　2. 遅刻しない
       3. 切符をなくさない　　　　4. 番号をまちがえない
       5. 休むときは連絡する　　　6. あしたはできるだけ早く来る

7．例のように文を作りなさい。

早く寝る　→　A：何か体にいいことしていますか。
　　　　　　　B：はい、早く寝るようにしています。

1. やさいをたくさん食べる　　2. 毎日泳ぐ
3. できるだけ歩く　　　　　　4. 　　？

8．例のように文を作りなさい。

よく見える・大きく書いてください。
→　よく見えるように、大きく書いてください。

1. 上手になる・毎日練習します。
2. 切符をなくさない・ポケットに入れました
3. 食べ物が悪くならない・れいぞうこに入れておいてください
4. 約束を忘れない・メモをしておきます
5. あした5時に起きられる・早く寝ようと思います

9．順番（order）を考えて、例のように文を作りなさい。

コートを持っていく
かぜをひかない
→　かぜをひかないように、コートを持っていきます。
　　　　　　　　　コートを持っていこうと思います。
　　　　　　　　　コートを持っていったら。
　　　　　　　　　　　　⋮

1. 地図を持っていく
　　道をまちがえない
2. すぐ出かけられる
　　準備しておく
3. 早く寝る
　　早く起きられる
4. 手紙を書く
　　家族が心配しない
5. みんなにわかる
　　ゆっくり話す

10. 例のように練習しなさい。

1) 7歳のとき、<u>自転車に乗れる</u>ようになりました。

2) <u>電車に遅れない</u>ように、急いでください。

1. テープをたくさん聞いたので、＿＿＿＿＿＿＿＿＿＿ようになりました。

2. あしたは9時に出発しますから、＿＿＿＿＿＿＿＿ようにしてください。

3. ＿＿＿＿＿＿＿＿＿＿＿ように、ジョギングしています。

4. 日本に来てから、＿＿＿＿＿＿＿＿＿＿ようになりました。

5. ＿＿＿＿＿＿＿＿＿ように、かぎをかけておきます。

11.「あの」「あれ」を使って、例のように答えなさい。また、＝＝＝のところは自分で考えなさい。

A：きのう行ったレストランに、きょうも行きませんか。

B：ああ、<u>あの</u>レストランですか。<u>ええ、行きましょう</u>。

1. A：経済学のレポート、もう出しましたか。

2. A：この間いっしょに行った公園は、何ていう名前ですか。

3. A：この間貸した本は、いまどこにありますか。

4. A：吉田先生は、本当にきびしい先生ですね。

5. A：いっしょに旅行したときの写真ができましたよ。

Conversation Drills

1. Complaining 苦情を言う（S-1）
くじょう　い

a. Complaining indirectly　ひかえめに苦情を言う

A：あのう、すみません。

B：はい。何でしょう。
　　　　なん

A：ちょっとテレビの音が……、
　　　　　　　　　　おと

B：あっ、うるさかったですか。

A：ええ。

B：すみません、気がつかなくて。
　　　　　　　　き

A：いえ。お願いします。
　　　　　　ねが

テレビの音

1. ウォークマンの音　　2. ピアノの音　　3. せんたく機の音
　　　　　　　　　　　　　　　　　　　　　　　　　　き

b. Complaining directly　はっきり苦情を言う

b-1. To a neighbour　隣の人に
　　　　　　　　　　となり　ひと

A：あのう、すみませんが。

B：はい。何でしょう。

A：ステレオの音、もう少し小さくしていただけませんか。
　　　　　　　　　　すこ　ちい

B：あ、すみません、気がつかなくて。

A：お願いします。

　　ステレオの音　　もう少し小さくする

1. テレビの音　　　もう少し小さくする

2. 入口　　　　　もう少しきれいにする
　　いりぐち　　　　　　　　すこ
3. ピアノの音　　　もう少し静かにする
　　　　　おと　　　　　　　すこ　しず
4. 車　　　　　　別のところに止める
　　くるま　　　　　べつ　　　　　と
5. your choice

b-2.　To a friend　友だちに
　　　　　　　　　　　とも

> A：あの、悪いんだけど。
> 　　　　わる
> B：うん。
> A：自転車、あっちに止めてくれない。
> 　　じてんしゃ
> B：あ、ごめん、気がつかなくて。
> 　　　　　　　　き
> A：｜ 頼むよ。 🚹
> 　　　たの
> 　　｜ お願いね。 🚺
> 　　　ねが

　　　自転車　　　　あっちに止める

1. つくえの上　　　もう少しきれいにする
　　　　　　うえ　　　　すこ
2. テレビの音　　　もう少し小さくする
　　　　　　おと　　　　すこ　ちい
3. コピー　　　　　早く終わる
　　　　　　　　　はや　お
4. かさ　　　　　　入口におく
5. your choice

2．Showing irritation　怒りを表す (GI.2, S-2)
　　　　　　　　　　　　いか　あらわ

a.　To a neighbour　隣の人に
　　　　　　　　　となり　ひと

> A：あの、きょうはゴミの日じゃないんですけど。
> 　　　　　　　　　　　　ひ
> B：え、そうですか。気がつきませんでした。
> A：困りますよ。
> 　　こま
> B：どうもすみません。これから気をつけますから。
> A：お願いしますよ。

　　　きょうはゴミの日じゃない

1. ピアノの音がうるさい
2. お子さんがうちのまどガラスをわった
3. お宅の犬が毎晩ないて、うるさい
4. そこに自転車を止めると、じゃまだ
5. もえるゴミともえないゴミは分けてほしい
6. your choice

困ります　　冗談じゃありません　　いいかげんにしてください

b.　To a friend　友だちに

A：ねえ、この自転車、じゃまなんだけど。

B：え、そう。↗

A：困る｛よ。👨／わよ。👩

B：ごめん。これから気をつけるから。

A：しょうがない｛な。👨／わね。👩

この自転車、じゃまだ

1. そのコンピュータ、使っている
2. その荷物、じゃまだ
3. この書類、まちがっている
4. その辞書、私（ぼく）のだ
5. ステレオの音がうるさい
6. your choice

困る｛よ👨／わよ👩　　冗談じゃない｛よ👨／わよ👩　　いいかげんに｛しろよ👨／してよ👩

しょうがない｛な👨／わね👩　　まったくもう　　気を｛つけろよ👨／つけてよ👩

3．Realizing a mistake　まちがいに気がつく（S-3，S-4）

a.

A：きょうはゴミの日じゃないんですけど。

B：え、｛ そうだったんですか。↗ / そうですか。↗ ｝
きょうだと思っていました。

A：これからは気をつけてくださいね。

B：はい、すみませんでした。気をつけます。

きょうはごみの日じゃない	きょうだと思っていた
1. まだ書類が出ていない	すっかり忘れていた
2. この計算、まちがっている	気がつかなかった
3. 家賃がもう３ケ月もたまっている	払ったと思っていた
4. そのかさ、私のだ	気がつかなかった
5. きょうはもえるゴミの日じゃない	まちがっておぼえていた
6. your choice	

b.

A：その辞書、｛ ぼく � / 私 ｝のなんだけど。

B：え↗、｛ ほんと。/ うそ。｝気がつかなかった ｛ よ。/ わ。｝

A：しょうがない ｛ な。/ わね。｝

B：ごめん。

その辞書、ぼく（私）のだ	気がつかなかった
1. まだお金、返してもらってない	すっかり忘れていた
2. つくえ、よごれている	気がつかなかった

112

3. ウォークマンの音がうるさい　　気がつかなかった

4. きょうは〇〇さんの当番だ　　忘れていた

5. your choice

4．Apologizing　あやまる（S-4）

a.

A：どうも　｛ 申しわけありません。
　　　　　　すみません。

B：えっ。どうしたんですか。

A：これ、こわしたんですけど…。

B：ああ、気にしなくていいですから。

A：ほんとうに申しわけありません。

これ、こわした

1. お借りしたかさ、なくした

2. お借りした本、忘れた

3. 頼まれていたほんやく、忘れた

4. 宿題、忘れた

5. your choice

気にしなくていいですから　　　心配しなくていいですから

いつでもいいですから　　　　　これからは気をつけてくださいね

困りましたね

---

b.

A：｛ 悪い。
　　　ごめん（なさい）。

B：えっ。｛ どうしたんだい。↗
　　　　　　どうしたの。↗

A：これ、こわしたんだけど…。

B：ああ、気にしなくていいから。

A：ほんとにごめん。

これ、こわした

1. 借りたかさ、なくした
2. あれ、できなかった
3. 借りた自転車、こわした
4. お金、忘れた
5. your choice

気にしなくていいから　　　　心配しなくていいから

いつでもいいから　　　　これからは気をつけてね　　　困ったな

☆5. Making an excuse　言いわけする（S-4）

A：あの、ここに車を止めるの、困るんですけど。

B：え。

A：ここ、家の入口なもんですから。

B：あ、どうもすみません。ちょっとそこの店に用があるんです。

A：困りますよ。ここ、駐車禁止ですから。

B：お願いします。5分ですみますから。

A：じゃ、5分だけですね。

A：ここは家の入口だから、車を止めるのは困る。

　　ここは駐車禁止です。

B：ちょっとそこの店に用がある。

　　5分ですみます。

1. A：そろそろ寝る時間だから、ピアノはひかないでほしい。

   もう12時をすぎています。

   B：ほかに練習する時間がない。

   あと30分だけです。

2. A：今会議中だから、この部屋に入らないでほしい。

   大事な会議です。

   B：先生にちょっと話がある。

   ちょっとだけです。

3. A：3冊しかないから、辞書を持ってかえるのは困る。

   貸し出しはできないんです。

   B：宿題をするのに使いたい。

   あしたの朝返します。

☆6．Excuse Game　言いわけゲーム

Form a pair and practice the dialogue using the information cards A and B. A student with the card A will complain and a student with the card B should apologize politely with the appropriate excuse. The other students observe the dialogue and explain the situation in Japanese.

情報カード

```
A  ・Landlord（大家さん）
   ・B always puts combustible and non-
     combustible items together in the
     collection area.
```

```
B  ・Foreign student（留学生）
   ・You didn't know that you should
     separate combustible and non-
     combustible items because you just
     arrived in Japan.（日本に来たばかり
     で、ゴミの出し方を知らなかった。）
```

【説明】 Bさんは、もえるゴミともえないゴミをいっしょに出していました。
それで、大家さんに注意されました。Bさんは日本へ来たばかりなの
で、ゴミの出し方を知らなかったと言いわけしました。

7. Role play　ロールプレイ

1. Your landlady keeps a dog that barks every night. All the neighbours in the apartment house are disturbed by the dog's barking. Go to the landlady and complain about it.

   大家さんがかっている犬が毎晩ないて、アパートの人はみんな困っています。
   大家さんのところに行って話しなさい。

2. Your neighbour always parks his/her car in front of your house. Go to his/her house and ask him/her to move the car.

   隣の人の車が、いつもあなたの家のすぐ前に止めてあります。隣の家へ行っ
   て、困っていることを話し、車を動かしてもらいなさい。

3. Use the following information cards A and B, then practice the dialogue.

   a.

A	You cannot sleep because your neighbour gives particles where many people talk and sing until late every night. 毎晩となりでパーティーがあって、たくさんの人が遅くまで話したり歌ったりしているので、よく眠れない。

B	You enjoy parties very much, so you don't realize that it is disturbs other people. パーティーが好きなので、それがめいわくになっていることに気がつかなかった。

   b.

A	The person living upstairs uses the washing machine late at night and you cannot sleep because of the noise. 上の部屋に住んでいる人が夜遅くせんたく機を使うので、うるさくて眠れない。

B	You always have to spend the whole day in the laboratory, so you cannot find time for washing except late at night. いつも一日中実験室で実験をしているので、夜遅くしかせんたくする時間が見つけられない。

☆c.

A   The shared kitchen in your apartment house is always very dirty because B doesn't clean the kitchen after s/he cooks. You clean the kitchen every time but you are tired of it.

Bさんはいつも料理をした後でそうじをしないので、アパートの台所がとてもきたない。いつもあなたがそうじしているが、もう疲れてしまった。

B   You are very busy because you study and have a part-time job, too. You have no money to eat out, so you cook by yourself. You thought that there must be a cleaner because you always found the kitchen clean.

毎日勉強とアルバイトでいそがしい。お金がないので、自分で料理している。台所はいつもきれいになっているので、そうじの人がいるのだと思っていた。

Tasks and Activities

1. トラブル Troubles

テープを聞いて適当な番号を選んでください。（　　）の中には適当な言葉を入れてください。

Listen to the tape, then fill in the blanks indicating what the problem was, and select the number corresponding to the solution.

	場所	どうして困ったか	どうなったか
1	学校	経済の本を貸したが返してくれない。	1. きょう返してもらう。 2. あしたまで待つ。 3. 図書館で借りる。
2	レストラン	（　　　　　　　　　）を注文したが、 （　　　　　）が来た。	1. チキンサンドを食べる。 2. 食べないで家に帰る。 3. ステーキを食べる。
3	スーパー	子供が（　　　　　）を買ったが、 （　　　　　　　　）。	1. お金を返してもらう。 2. 新しいのをもらう。 3. 新しいのを買う。

2. ニコニコ相談室　Nikoniko counselling room
そうだんしつ

a. ニコニコ相談室は、電話を使ったカウンセリングです。女の人が、息子のこと
でんわ　つか　　　　　　　　　　　　　　　　　　　　　おんな　ひと　　　　　むすこ
で相談の電話をかけてきました。息子が最近変わってきたというのですが、ど
さいきん か
う変わったのでしょう。テープを聞いて、a～hに○をつけてください。
き

Nikoniko counselling room is a telephone counselling service. A woman calls
to ask for advice about her son. She says her son has changed lately. How has
her son changed? Listen to the tape and put ○ on a ～ h.

b. あなたのアドバイスも考えて、クラスで話してみましょう。
かんが　　　　　　　　　はな

Discuss in the class what your advice would be.

3. あなたのヘルシー度チェック　Are you healthy?

a.　あなたはヘルシーな生活をしていますか。質問に答えて、点数を数えてください。

Are you leading a healthy life? Answer the following questions and check your score.

はい：1点　　いいえ：0点

1	休みの日でも同じ時間に起きるようにしている。
2	休みの日には、仕事や勉強のことを忘れるようにしている。
3	コーラよりお茶や100％天然ジュースを飲むようにしている。
4	テレビはあまり見ないようにしている。
5	おふろはゆっくり入るようにしている。
6	いろいろな友だちと話すようにしている。
7	バスなどには乗らないで、できるだけ歩くようにしている。
8	食事は1日3回食べるようにしている。
9	1週間に1度以上はスポーツをするようにしている。
10	毎晩12時までには寝るようにしている。
11	お金のことはあまり考えないようにしている。
12	1年に1回病院で健康診断を受けるようにしている。
	TOTAL

天然ジュース *100% natural juice*

健康診断を受ける *to have a physical examination*

9～12点　問題なし！

5～8点　あなたはふつう

0～4点　あなたはちょっと問題

b.　あなたは心と体のためにどんなことをしていますか。書いてください。

Write what you do for a healthy body and mind.

4. きつねのお宿　The fox's house

a.　次の話を読んで、質問に答えなさい。

　　　Read the following story and answer the questions.

むかしのことだ。ひとりの男が旅をしていた。男は山道を歩いていたが、夜になって、まわりは暗くなってしまった。男は困った。どこで寝ようかと思った。	むかし *long ago* 旅 *journey* まわり *around*
すると山の中に、あかりが見えた。家だ。男は喜んだ。男はその家の前まで行って、言った。「旅のものです。今晩泊めてください。」すると家の中から美しい女が出てきた。男は、女がとても美しいのでびっくりした。女は言った。「どうぞ、お上がりください。今ちょうど食事ができました。どうぞめしあがってください。」男はおなかがすいていたので、とても喜んだ。	すると *then* あかり *light* 喜ぶ *to be pleased* 旅のもの *traveler* 泊める 　*to put someone up* 美しい *beautiful* 上がる *to come in* おなかがすく 　*to be hungry*
男は家に上がって、食事をした。食事はとてもおいしかった。食事のあと、女が言った。「となりの部屋に、ふとんが用意してあります。どうぞお休みください。」男は疲れていたので、ふとんに入ると、すぐに寝てしまった。	ふとん *bedclothes* 用意する *to prepare* すぐに *immediately*
朝になった。「もしもし、もしもし。」男は知らない人に起こされた。男は、まわりを見て、びっくりした。家の中ではなく、草の上に寝ていたのだ。体の上には、ふとんではなく、草がかかっていた。その知らない人は言った。「このへんには、悪いきつねがいて、ときどき人をだますんですよ。」	草 *grass* かかる *be covered with* きつね *fox* だます *to deceive*

1. 男の人はどうして困ったのでしょう。　　2. 男の人はどこで寝ましたか。

3. 男の人はどこで起きましたか。　　4. 女の人は実はだれ（何）ですか。

b.　あなたの国ではどんな動物の話がありますか。
　　動物の名前とその動物の持つイメージについて話してください。

　　　What kind of animal stories do you have in your country? Talk about the names and the images of the animals.

　　　例）　きつね　　ずるがしこい *cunning*

☆c.　あなたの国の動物の話を書いてください。

　　　Write an animal story from your country.

121

お見舞い
み ま

Visiting a sick person

● *New Words in Drills*

· is used only in Conversation Drills

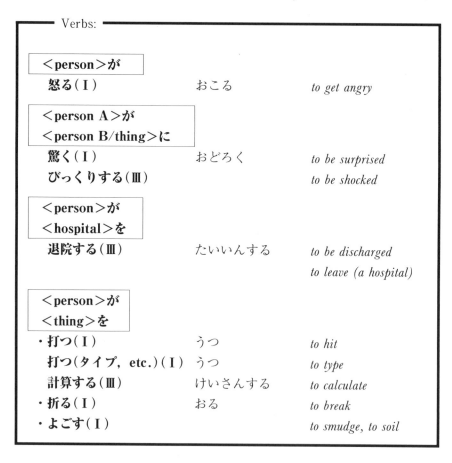

Verbs:

＜person＞が		
怒る（Ⅰ）	おこる	*to get angry*

＜person A＞が ＜person B/thing＞に		
驚く（Ⅰ）	おどろく	*to be surprised*
びっくりする（Ⅲ）		*to be shocked*

＜person＞が ＜hospital＞を		
退院する（Ⅲ）	たいいんする	*to be discharged*
		to leave (a hospital)

＜person＞が ＜thing＞を		
・打つ（Ⅰ）	うつ	*to hit*
打つ（タイプ, etc.）（Ⅰ）	うつ	*to type*
計算する（Ⅲ）	けいさんする	*to calculate*
・折る（Ⅰ）	おる	*to break*
・よごす（Ⅰ）		*to smudge, to soil*

Nouns:

むすこ		*son*
むすめ		*daughter*
赤ちゃん	あかちゃん	*baby*
タイプライター		*typewriter*
待ち合わせ	まちあわせ	*meeting*
洗剤	せんざい	*detergent*

● *Additional New Words in Drills*

┌─ Verbs: ───┐

ねんざする		to sprain
痛める	いためる	to hurt
ぶつける		to hit
手術する	しゅじゅつする	to have an operation
なぐさめる		to comfort, to cheer up
はげます		to cheer up
確かめる	たしかめる	to make sure

└──┘

┌─ Nouns: ───┐

骨	ほね	bone
肝臓	かんぞう	liver
心臓	しんぞう	heart
盲腸	もうちょう	appendix
アキレスけん		Achilles' tendon
腸	ちょう	intestines
肺	はい	lungs
スキー		skiing, skis
小説	しょうせつ	novel
具合い	ぐあい	condition
(お)見舞い	おみまい	visit to a sick person
にわ		garden
病室	びょうしつ	sickroom
交通事故	こうつうじこ	traffic accident
様子	ようす	appearance
別れ	わかれ	parting

└──┘

┌─ Adverbs: ───────────────────────────────────────┐

かなり		fairly, rather
それほど		not so much (＋ neg.)

└──┘

Structure Drills

1. 例のように形をかえなさい。

書く → 書かせる

Ⅰ. 行く　　飲む　　買う　　読む
働く　　使う　　待つ　　持つ
運ぶ　　言う　　洗う　　手伝う
怒る　　笑う　　泣く　　驚く
よろこぶ

Ⅱ. 食べる　　開ける　　閉める　　おぼえる
かたづける　　すてる　　調べる　　考える
並べる　　集める

Ⅲ. 来る　　持ってくる　　勉強する　　連絡する
心配する　　びっくりする　　発表する

2. 例のように文を作りなさい。

a. 子どもが買物に行く → 子どもを買物に行かせる。

1. 子どもがうちに帰る
2. 両親がびっくりする
3. みんながよろこぶ
4. ガールフレンドが泣く
5. 先生が困る
6. 友だちが怒る

b. むすこが車を洗う → むすこに車を洗わせる。

1. 子どもがごみをすてる
2. 学生が答えを言う
3. 弟が仕事を手伝う
4. むすめがピアノを習う
5. 赤ちゃんがミルクを飲む
6. コンピュータがデータを計算する

3. 例のように文をかえなさい。

（Choose a causative verb or 〜てもらう／〜ていただく, depending on the relationship between the causer and the causee.）

1) 子どもが部屋をそうじした

　　→ 子どもに部屋を<u>そうじさせた</u>。

2) 友だちが日本語をチェックした

　　→ 友だちに日本語を<u>チェックしてもらった</u>。

3) 先生がテープをコピーした

　　→ 先生にテープを<u>コピーしていただいた</u>。

1. 山下さんがいっしょに病院へ行った
2. 先生が日本の歌を歌った
3. 先生が（私の）新しいアパートをさがした
4. 友だちがアルバイトを紹介した
5. 弟が雑誌を買ってきた
6. となりの人が子どもをあずかる

4. 絵を見て、例のように文を作りなさい。

1)

→ お母さんはまさおを
買物に行かせました。

2)

→ 田中さんはリサさんに仕事を
手伝ってもらいました。

1.

2.

3.

4.

5.

6.

5. 例のように文を作りなさい。

a. タイプライターを使う

→ タイプライターを使わせていただけませんか。

1. ここに荷物を置く　　　2. この仕事をやる

3. この会社で働く　　　　4. 最初に発表する

b. 大使館へ行きたい・あした休む

→ 大使館へ行きたいので、あした休ませていただけませんか。

1. 勉強が忙しい・アルバイトをやめる

2. 家に連絡したい・電話を使う

3. まだ決められない・もう少し考える

4. 友だちと待ち合わせをしている・ここで待つ

6. 動作 (action) をする人はだれですか。「私」か「あなた」のどちらか を選びなさい。

1) この本を読ませてください。　→　　　<㋹／ あなた ＞が読む

2) この本を読んでください。　→　　　＜ 私 ／㋐㋺㋥＞が読む

1. 写真をとってください。　　　　　　＜私／あなた＞がとる

2. 写真をとらせてください。　　　　　＜私／あなた＞がとる

3. 手伝わせていただけませんか。　　　＜私／あなた＞が手伝う

4. 手伝っていただけませんか。　　　　＜私／あなた＞が手伝う

5. ここで待たせてもらってもいいですか。＜私／あなた＞が待つ

6. ここで待ってもいいですか。　　　　＜私／あなた＞が待つ

7. あした話してもらおうと思っているんだけど。＜私／あなた＞が話す

8. あした話させてもらおうと思っているんだけど。＜私／あなた＞が話す

7. 例のように適当なことばを入れなさい。
   （れい）　　（てきとう）　　　　　　　（い）

この電話、使わせて
（でん わ）（つか）
いただけませんか。

1.

先生、頭 が痛いので、
（せんせい）（あたま）（いた）
＿＿＿＿＿＿＿＿＿＿＿。

2.

この論文を読みたいので、
（ろんぶん）（よ）
＿＿＿＿＿＿＿＿＿＿。

3.

＿＿＿＿＿＿＿＿＿＿
＿＿＿＿＿＿＿＿＿＿。

8. 例のように練習しなさい。
   （れい）　　（れんしゅう）

   レポートを書く　→　今日中にレポートを書いてしまいます。
   　　　　　（か）　　　（きょうじゅう）

   1. 宿 題をやる　　　　　　2. 荷物をかたづける
   　（しゅくだい）　　　　　　　（に もつ）
   3. あの論文をほんやくする　4. 新 しい漢字を全部おぼえる
   　　　　　　　　　　　　　　　（あたら）（かん じ）（ぜん ぶ）
   5. ワープロを打つ　　　　　6. 書類を出す
   　　　　　　（う）　　　　　　（しょるい）（だ）

9. 例のように会話を作りなさい。
   （れい）　　（かい わ）（つく）

   パスポートを落とす　→　A：どうしたんですか。
   　　　　　（お）

   　　　　　　　　　　　　　B：パスポートを　｛落としてしまったんです。
   　　　　　　　　　　　　　　　　　　　　　　　落としちゃったんです。

1. さいふをなくす
2. 道をまちがえる
3. バスの中にかばんを忘れる
4. うちの犬が死ぬ
5. 図書館の本をよごす
6. 指を切る
7. 車が故障する
8. 子どもが洗剤を飲む
9. 友だちのカメラをこわす
10. 教室に本を置いてくる

10. 例のように練習しなさい。

あの映画　　　　　　　　＜おもしろい＞

→　Q：あの映画はどうですか。

　　A：○○さんから聞いたんですが、おもしろいらしいですよ。

1. あのレストラン　　　　＜おいしい＞
2. 新しいワープロ　　　　＜便利だ＞
3. 鈴木さん　　　　　　　＜退院した＞
4. 会議　　　　　　　　　＜終わった＞
5. 大学の食堂　　　　　　＜　？　＞
6. 先週の試験　　　　　　＜　？　＞

11. 例のように会話を練習しなさい。

終わる　　　　　　　　　＜1時間ぐらい＞

→　A：もうすぐ終わりますか。

　　B：ええ、あと1時間ぐらいで、終わると思います。

1. 始まる　　　　　　＜10分ぐらい＞
2. 届く　　　　　　　＜2、3日＞
3. できる　　　　　　＜10日ぐらい＞
4. 終わる　　　　　　＜5ページぐらい＞
5. いっぱいになる　　＜2、3人＞

Conversation Drills

1．Entering a hospital room　病室に入る（Gl. 1，S-1）
びょうしつ　はい

a.　Asking about the patient's condition　具合いを聞く
ぐ あい　き

A＝見舞い客 visitor　　B＝入院患者 patient
み ま きゃく　　にゅういんかんじゃ

A：失礼します。
しつれい

B：ああ、どうも。

A：あの、いかがですか。

B：ええ、足の骨を折っちゃって。
あし ほね お

A：そうですか。大変でしたね。
たいへん

足の骨を折った

1. ｛うで／足／こし｝ の骨を折った

2. ｛肝臓／胃／ 腸 ／心臓／肺｝ を悪くした
かんぞう い ちょう しんぞう はい わる

3. ｛足／うで／首／かた｝ をねんざした
くび

4. こしを痛めた　　　　*to hurt one's (lower) back*
いた

5. アキレスけんを切った　*to tear one's Achilles' tendon*
き

6. your choice

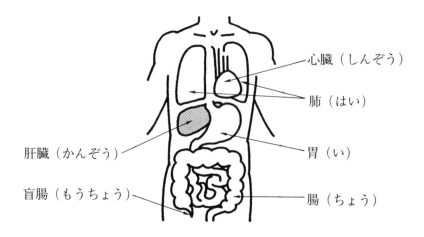

心臓（しんぞう）

肺（はい）

肝臓（かんぞう）

胃（い）

盲腸（もうちょう）

腸（ちょう）

b. Confirming information 聞いたことを確かめる （S-3a）
　　　　　　　　　　き　　　　　　たし

A：失礼します。
　　しつれい
B：ああ、どうも。

A：足の骨を折ったん ｛ ですって。↗ ♠
　　あし ほね お 　　だそうですね。

B：ええ、車にぶつけられたんですよ。
　　　　くるま
A：大変でしたね。
　　たいへん

　　足の骨を折った

1. 頭を打った
　　あたま う
2. うでの骨を折った
3. アキレスけんを切った
　　　　　　　　　き
4. こしを痛めた
　　　　いた
5. 足にけがをした
6. 盲腸だ
　　もうちょう
7. your choice

ころぶ　　落ちる　　たおれる　　手術する
　　　　　お　　　　　　　　　　しゅじゅつ
ぶつけられる

2. Correcting wrong information　まちがった情報を訂正する（S-3a）
　　　　　　　　　　　　　　　　　　じょうほう　ていせい

a.

A：失礼します。

B：ああ、これはどうも。

A：頭を打ったん ｛ ですって。↗ ♠
　　　　　　　　　　だそうですね。

B：いえ、頭じゃなくて、こしなんですよ。

A：そうですか。大変でしたね。

情報カードA　　　　　　　情報カードB

A：頭を打った　　　　　　B：こしを打った

☆b.

A：足の骨、折ったんだって。↗
B：いや 👨、
　　ううん、｜ 足じゃなくて、うでな ｜ んだ。👨
　　　　　　　　　　　　　　　　　　の。👩
A：そう。大変だった ｜ ね。
　　　　　　　　　　　　わね。👩

3. Giving a present　お見舞いをわたす（S-2）

a.

A：あの、これ、お見舞いなんですけど。
B：あ、これはどうも。
A：音楽テープなんです。
　　たいくつなさってるんじゃないかと思いまして。
B：ありがとうございます。

　　音楽テープ

1. おかし　　　2. まんがの本　　　3. ケーキ
4. 小説　　　　5. うちのにわの花　　6. your choice

☆b.

A：あの、これ、お見舞い。
B：わあ、何かな。

A：音楽テープ ｜ なんだ。👨　これ聞いて、元気 ｜ 出せよな。👨
　　　　　　　　なの。👩　　　　　　　　　　　　出してね。👩

B：ありがとう。｜ うれしいなあ。👨
　　　　　　　　うれしいわ。👩

4．Visiting a sick person　病人を見舞う（S-1，S-2，S-3）
びょうにん　　みま

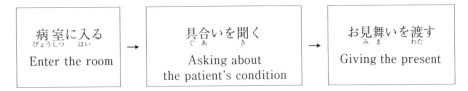

病室に入る
びょうしつ　はい
Enter the room
→
具合いを聞く
ぐあ　　き
Asking about
the patient's condition
→
お見舞いを渡す
みま　　わた
Giving the present

1. 友だちがスキーで足にけがをしたので、花を持ってお見舞いに行く。
   とも　　　　　　　　　あし　　　　　　　　　　はな　も　　　　　　　　　い

2. 友だちが交通事故でうでの骨を折ったので、何か持ってお見舞いに行く。
   とも　　こうつうじこ　　　　　ほね　お　　　　　　なに　も

3. 先生が胃を悪くして入院したので、友だちと何か持ってお見舞いに行く。
   せんせい　い　わる　　　　　にゅういん　　　　　とも　　　　なに　も

5．Asking what happened　様子を聞く（S-3，S-4，S-5）
ようす

a.　Confirming information and asking the patient to be more careful

> A：～さん、<u>自転車に乗っていたん</u>　{ だそうですね。
> 　　　　　　じてんしゃ　の　　　　　　　{ ですって。↗ 👤
>
> B：ええ。
>
> A：気をつけてくださいね。（<u>自転車はあぶないから</u>。）
> 　　き
>
> B：ええ。

自転車に乗っていた

1. 車を運転していた
   くるま　うんてん
2. 階段から落ちた
   かいだん　　お
3. 雨の日にころんだ
   あめ　ひ
4. 自転車にぶつけられた
5. 車にぶつけられた
6. スキーをしていて、ころんだ

☆b.　Asking about the patient's condition

> A：びっくりしたでしょう。↗
>
> B：ええ。<u>もうだめかと思いましたよ。</u>
> 　　　　　　　　おも
>
> A：まだ<u>痛む</u>んですか。
> 　　　　いた
>
> B：<u>ええ、少し。</u>
> 　　　　すこ

ええ、|すごく／かなり／少し|　｜びっくりしました。
　　　　　　　　　　　　　　　｜痛むんです。

いいえ、|ぜんぜん／それほど／あまり|　｜びっくりしませんでした。
　　　　　　　　　　　　　　　　　　　｜痛みません。

それほどでも（ありません）。

もう |だめか／死ぬか| と思いました。

6. Asking how long it will take and cheering the patient up
どのくらいかかるか聞いて、なぐさめる（S-3, S-4）

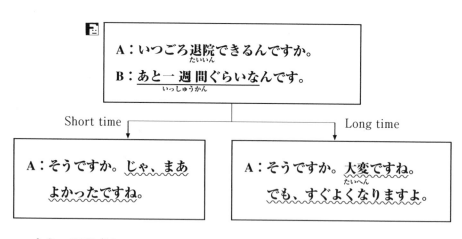

A：いつごろ退院できるんですか。
B：あと一週間ぐらいなんです。

Short time / Long time

A：そうですか。じゃ、まあ
　よかったですね。

A：そうですか。大変ですね。
　でも、すぐよくなりますよ。

あと一週間ぐらい

1. あと1ヶ月ぐらい
2. 来週の日曜日に退院する
3. 来年の秋ごろ退院できる
4. 来月の10日と医者が言っている
5. あした退院する
6. 1年ぐらい入院する
7. 2週間ぐらいだと思う
8. your choice

心配いりませんよ　　　　　どうぞお大事に
だいじょうぶですよ　　　　はやく元気になってくださいね
まあよかったですね　　　　すぐよくなりますよ

7. Taking leave　別れのあいさつ（GI. 1）

a.

A：それじゃ、そろそろ失礼します。

B：{ え↗、もうお帰りですか。

　　 あ、そうですか。

A：実は、<u>これからゼミがある</u>もんですから。

B：そうですか。きょうは本当にありがとうございました。

A：いいえ。じゃ、どうぞお大事に。

B：どうも。

これからゼミがある

1. これから仕事がある
2. あした試験がある
3. ちょっと用事がある
4. これから〇〇へ行かなければならない
5. your choice

☆b.

A：じゃ、そろそろ。

B：{ え↗、もう帰っちゃうの。↗

　　 あ、そう。↘

A：<u>これからゼミがある</u>もんだから。

B：そう。きょうは本当にありがとう。

A：ううん。じゃ、お大事にね。

B：どうも。

☆8．Explain the comic strip　絵を見て説明する

9．Role play　ロールプレイ

1. Your professor is in hospital because s/he is sick, so go to see her/him.
先生が病気で入院しているので、お見舞いに行く。

| Greeting/Giving a present | あいさつ／お見舞いをわたす |

↓

| Asking about the patient | 具合いを聞く |

↓

| Saying good bye | 別れのあいさつ |

2. You heard that your friend was injured and is in hospital. Visit her/him and confirm what you heard.
友だちがけがをして、入院していると聞いた。お見舞に行って、聞いた情報を確かめる。

| Greeting/Giving a present | あいさつ／お見舞いをわたす |

↓

| Confirming information and asking about her/his condition | 情報を確かめて、具合いを聞く |

↓

| Saying good bye | 別れのあいさつ |

☆3. Your friend comes back to your class after a long absence. Confirm what you have heard about his/her sickness and ask his/her present condition. Then, cheer him/her up.

病気で休んでいた友だちがクラスに出てきました。情報を確かめて、今の具合いを聞いてください。そして、　なぐさめて　ください。
　　　　　　　　　　　　　　　　　　　　　　はげまして

☆4. Telephone your professor and ask about your friend's illness/injury.

先生に電話して、友だちの病気／けがについて聞く
せんせい でんわ とも びょうき き

| Confirming information by telephone
電話で情報を確かめる
じょうほう たし | → | Asking about the condition
様子を聞く
ようす き | → | Asking how long it will take
どのくらいかかるか聞く |

↓

Consulting about what to bring
何を持っていくか相談する
なに も そうだん

↓

Hanging up
電話を切る
でんわ き

☆5. Continuationつづき

| Confirming information at the hospital
病院へ行って確かめる
びょういん い | → | Asking about his/her condition
様子を聞く | → | Asking how long it will take
どのくらいかかるか聞く |

↓

Cheering him/her up
なぐさめる／はげます

↓

Saying good bye
別れのあいさつ
わか

Tasks and Activities

1. どう思う　What does he think?

山下さんは、どう思っていますか。テープを聞いて、a か b をえらびなさい。

What does Yamashita-san think? Listen to the tape and select a or b.

1. 山下さんは、アニルさんが

   パーティーに（a. 来る　　b. 来ない）と思っている。

2. 山下さんは、アニルさんが

   （a. 病気だ　　b. 病気じゃない）と思っている。

3. 山下さんは、ほかの人たちが

   アニルさんのことを（a. 知っている　　b. 知らない）と思っている。

4. 山下さんは、アニルさんが

   体の具合いが（a. いい　　b. よくない）と思っている。

5. 山下さんは、アニルさんが

   くだものが（a. 好きだ　　b. 好きじゃない）と思っている。

2. お願い　Please let me ...

リサさんは、何を頼んでいますか。テープを聞いて、絵をえらびなさい。

What is Lisa-san asking the other people ? Listen to the tape and select the appropriate pictures.

1. (　　　　)　2. (　　　　)　3. (　　　　)　4. (　　　　)　5. (　　　　)

a.

b.

c.

d.

e.

f.

3. 許可 Permission

テープを聞いて、許可された（○）か、許可されなかった（×）かを書きなさい。

Listen to the tape and write（○）or（×）according to whether permission is given or not.

1.

（　　）

2.

（　　）

3.

（　　）

4.

（　　）

4．日本人の死因　The cause of death
　　　にほんじん　しいん

次のグラフは、日本人の死因別の死亡者数です。
つぎ　　　　　　　　にほんじん　しいんべつ　しぼうしゃすう

The following graph shows the number of deaths classified by the cause of death.

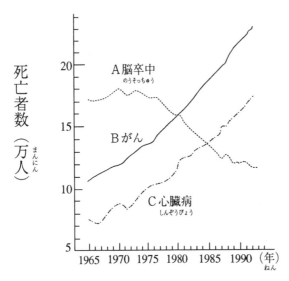

A 脳卒中 *apoplexy*
　　のうそっちゅう

B がん *cancer*

C 心臓病 *heart disease*
　　しんぞうびょう

(厚生省人口問題研究所
こうせいしょうじんこうもんだいけんきゅうしょ

『1994年人口統計資料集』より)
ねんじんこうとうけいしりょうしゅう

a. 1975年と1990年の死因を比べてください。何がどう変わりましたか。
　　　　　　　　　しいん　くら　　　　　　　なに　　　か

（　　　）に、A、B、Cを入れてください。
　　　　　　　　　　　　　い

Compare the cause of death in 1990 to that of 1975. What has changed and how? Fill in （　　　） with A, B and C.

1. 1975年は、死因の1位が（　　　）、2位が（　　　）、3位が（　　　）でした。
　　　　　　しいん　い　　　　　　　　い　　　　　　　　い

死因 *cause of death*　　～位 ～ *place*
しいん　　　　　　　　　　い

2. だんだん（　　　）と（　　　）が多くなって、反対に（　　　）が少なくなりま
　　　　　　　　　　　　　　　　　　おお　　　　はんたい　　　　　　　　すく

した。　　　　　　だんだん *gradually*　　反対に *on the contrary*
　　　　　　　　　　　　　　　　　　　　　　はんたい

3. 1990年には、1位が（　　　）、2位が（　　　）、3位が（　　　）になりました。
　　　　　　　　い　　　　　　　　　い　　　　　　　　い

b. クラスで話しましょう。　Let's talk in the class.
　　　　はな

1. なぜ死因の中でがんや心臓病が増えているのだと思いますか。
　　　しいん　なか　　　　しんぞうびょう　ふ　　　　　　　おも

（＿＿＿＿＿＿＿＿＿からだと思います。）なぜ *why*　　増える *to increase*
　　　　　　　　　　　　　　　　　　　　　　　　　　　　　ふ

2. なぜ死因の中で脳卒中が減っているのだと思いますか。
　　　しいん　なか　　のうそっちゅう　へ　　　　　　　おも

（＿＿＿＿＿＿＿＿＿からだと思います。）　　　　　　減る *to decrease*
　　　　　　　　　　　　　　　　　　　　　　　　　　　　　　へ

c.  次の２つの会話は、なぜ死因が変化したのかについて、２人の日本人の医者に
インタビューしたものです。クラスをＡグループとＢグループに分けて、それ
ぞれの会話を聞いてください。そして死因が変化した原因をメモしなさい。

The tapes have two interviews with Japanese doctors discussing why the
cause of death has changed. Divide the class into two groups (A & B); each
group should listen to a different tape and make a note on the reason of the
changes.

変化の原因 *the reason for the change*

◆◆◆◆◆◆◆◆◆◆◆◆◆
◆　Ａグループ　◆
◆◆◆◆◆◆◆◆◆◆◆◆◆

1. 食べ物について　　　　　　　　　　　　　　　　　について *about*

_____

◇◇◇◇◇◇◇◇◇◇◇◇◇
◇　Ｂグループ　◇
◇◇◇◇◇◇◇◇◇◇◇◇◇

2. ストレスについて

_____

3. 運動について　　　　　　　　　　　　　　　　　　運動 *exercise*

_____

d. ◆◆◆◆◆◆◆◆◆◆ ◇◇◇◇◇◇◇◇◇◇
　 ◆ Ａグループ ◆→ ◇ Ｂグループ ◇ 報告しましょう。
　 ◆◆◆◆◆◆◆◆◆◆←◇◇◇◇◇◇◇◇◇◇

Let's talk in the class.

e. これらの病気にならないためには、何に注意したらいいと思いますか。

What do you think you should be careful about so as not to get these
diseases?

(_____たらいいと思います。)

頼みと断わり
たの　　　こと

Making and refusing a request

● *New Words in Drills*

・is used only in Conversation Drills

Verbs:

＜person/thing＞が

・助かる（Ⅰ）	たすかる	*to be helped*
・役に立つ（Ⅰ）	やくにたつ	*to be useful*

＜person＞が
＜tea, etc.＞を

入れる（お茶）（Ⅱ）いれる ちゃ		*to make (tea)*

＜person＞が
＜place＞を

見学する（Ⅲ）	けんがくする	*to visit for study*

＜person＞が
＜country＞に

・帰国する（Ⅲ）	きこくする	*to return to one's country*

Nouns:

スピーチ		*speech*
エネルギー		*energy*
大学生	だいがくせい	*university student*
テーブル		*table*
地球	ちきゅう	*the earth*

Other words:

急に	きゅうに	*suddenly*
いろいろ（な）		*various*
いっしょうけんめい		*very hard*

● *Additional New Words in Drills*

Verbs:

まいる	*to be beaten, to give in*
おごる	*to treat*

Other words:

アウトライン		*outline*
計画	けいかく	*plan, schedule*
プログラム		*program*
旅館	りょかん	*Japanese style inn*
リサイクル		*recycle*
ひっこし		*moving house*
末	すえ	*the end*

Structure Drills

1. 例のように練習しなさい。
れい

a.
書く → 書かなければなりません
か
書かなくてはいけません

Ⅰ. 返す　　　頼む　　　使う　　　もどる　　　ひっこす
かえ　　　たの　　　つか

急ぐ　　　働く　　　運ぶ　　　手伝う　　　連れていく
いそ　　　はたら　　　はこ　　　てつだ　　　つ

Ⅱ. 見る　　　調べる　　　決める　　　続ける　　　並べる
み　　　しら　　　き　　　つづ　　　なら

やめる　　　かえる　　　集める　　　考える　　　おぼえる
あつ　　　かんが

Ⅲ. 来る　　　説明する　　　連絡する　　　持ってくる
く　　　せつめい　　　れんらく　　　も

運動する　　　相談する　　　紹介する　　　ほんやくする
うんどう　　　そうだん　　　しょうかい

b.
書く → 書かなきゃなりません
書かなくちゃいけません

（a. のキューを使いなさい。）

c.
病院に行く → 病院に 行かなければなりません。
びょういん　い
行かなきゃなりません。

→ 病院に 行かなくてはいけません。
行かなくちゃいけません。

1. 先生に相談する
せんせい　そうだん

2. 部屋をかたづける
へや

3. 発表の準備をする
はっぴょう　じゅんび

4. 成田まで友だちを迎えに行く
なりた　とも　むか

5. 今日中に予定を決める
きょうじゅう　よてい

6. 今週中にレポートを書く
こんしゅうじゅう

7. あしたまでに返事をする
へんじ

8. 来週までに調べておく
らいしゅう

2．例のように練習しなさい。

　　　スピーチをする　→　スピーチはしなくてもいいです。

　　1. ネクタイをする　　　　　　　2. みんなに連絡する
　　3. ワープロができる　　　　　　4. この漢字が書ける
　　5. コピーをとっておく　　　　　6. ホテルを予約しておく
　　7. おみやげを持っていく　　　　8. テープを聞いてくる

3．例のように練習しなさい。

　　　スピーチをする
　　→　A：スピーチはしなくてもいいでしょうか。
　　　　B：いえ、したほうがいいですよ。
　　（2. のキューを使いなさい。）

4．例のように練習しなさい。

　　A：いつ行くんですか。　　　　　　　　　＜あした＞
　　B：いろいろ考えましたが、あした行くことにしました。

　　1. A：この仕事はだれに頼むんですか。　　＜山下さん＞
　　2. A：あさってはどこに泊まるんですか。　＜九州のホテル＞
　　3. A：おみやげは何を買うんですか。　　　＜人形＞
　　4. A：帰る日は決まりましたか。　　　　　＜24日＞
　　5. A：ひっこす日は決まりましたか。　　　＜8日＞
　　6. A：論文のテーマは決まりましたか。　　＜日本の会社経営＞

5．例のように練習しなさい。

急に帰国します

→　　A：急に帰国することになりました。

　　　　　　　｜　それは残念ですね。

　　　B：　｜　それはよかったですね。

　　　　　　　　　　　　⋮

1. 来月名古屋にひっこします
2. 仕事でバンコクへ行きます
3. 今度、奨学金がもらえます
4. 日本語のコースでエネルギー研究所を見学します
5. ゼミで大学生の生活について調べます

6．例のように文を作りなさい。

ごはんを食べる

ごはんを食べる　　　　ごはんを食べている　　　ごはんを食べた

ところです。　　　　　ところです。　　　　　　ところです。

1. カレーを作る

2. 部屋をそうじする
   へ や

3. シャワーをあびる

4. 書類を調べる
   しょるい しら

7. 例のように練習しなさい。
     れい   れんしゅう

1) 昼ごはんを食べる　　　＜ええ＞
   ひる   た
   →　A：昼ごはんはもう食べましたか。

   　　B：ええ、いま食べたところです。

2) 昼ごはんを食べる　　　＜いいえ＞
   →　A：昼ごはんはもう食べましたか。

   　　B：いいえ、まだです。これから食べるところです。

1. 予定を決める　　　　　　＜いいえ＞
   よてい き
2. つくえの上をかたづける　＜ええ＞
   うえ
3. テーブルを並べる　　　　＜いいえ＞
   なら
4. 指導教官の先生に話す　　＜いいえ＞
   しどうきょうかん せんせい はな
5. レポートを出す　　　　　＜ええ＞
   だ

6. 赤ちゃんが寝る　　　　＜ええ＞
　あか　　　　　ね

7. 田中さんが出かける　　　＜いいえ＞
　たなか　　　　で

8. 会議が始まる　　　　　＜ええ＞
　かいぎ　はじ

8. 例のように練習しなさい。
　　れい　　　　　れんしゅう

電話する
でんわ

→　A：○○さん、ちょっと来て。
　　　　　　　　　　　き

　　B：いま電話しているところだから、ちょっと待ってください。
　　　　　　　　　　　　　　　　　　　　　　　　ま

1. 資料を調べる　　　　　2. コピーをとる
　しりょう　しら

3. アイロンをかける　　　4. お茶を入れる
　　　　　　　　　　　　　ちゃ　い

5. みんなで相談する
　　　　　そうだん

9. 例のように練習しなさい。

1) 日本語を勉強します　＋　日本に来ました
　にほんご　べんきょう

　→　日本語を勉強するために、日本に来ました。

2) 勉強　＋　日本に来ました

　→　勉強のために、日本へ来ました。

1. ＤＮＡの研究をします　＋　大学院に行きます
　　　　　けんきゅう　　　　　だいがくいん　い

2. いい会社に入ります　＋　いい学校に入ります
　　かいしゃ　はい　　　　　　がっこう

3. いい学校に入ります　＋　毎日12時間勉強しています
　　がっこう　　　　　　　　まいにち　じかんべんきょう

4. 家族　＋　いっしょうけんめい働かなければなりません
　かぞく　　　　　　　　　　　はたら

5. 自分ひとり　＋　毎日料理したくないです
　じぶん　　　　　りょうり

6. 論文を書きます　＋　　？
　ろんぶん　か

7. ○○さん　＋　　？

8. 地球　＋　　？
　ちきゅう

Conversation Drills

1. Making a request 頼む<small>たの</small>（S-1，S-2）

a.　　B：先生<small>せんせい</small>

> A：あの、<u>論文<small>ろんぶん</small>のアウトラインを書<small>か</small>いた</u>んですが。
> B：ええ。
> A：すみませんが、<u>ちょっと見<small>み</small>て</u>いただけないでしょうか。↘

　　　＜problem＞：**論文のアウトラインを書いた**

　　　＜request＞：**ちょっと見る**

1. ＜problem＞：漢字<small>かんじ</small>の辞書<small>じしょ</small>をさがしている
   ＜request＞：何<small>なに</small>かいい辞書を紹介<small>しょうかい</small>する
2. ＜problem＞：論文の資料<small>しりょう</small>を集<small>あつ</small>めている
   ＜request＞：新<small>あたら</small>しいデータを見<small>み</small>せる
3. ＜problem＞：漢字がなかなかおぼえられない
   ＜request＞：勉強<small>べんきょう</small>のやり方<small>かた</small>を教<small>おし</small>える

b.　　B：先輩<small>せんぱい</small>

> A：あの、<u>研究計画<small>けんきゅうけいかく</small>を書いた</u>んですけど。
> B：うん。
> A：すみませんが、<u>日本語<small>にほんご</small>を見て</u> ｛ いただけませんか。
> 　　　　　　　　　　　　　　　 　 もらえませんか。

　　　＜problem＞：**研究計画を書いた**

　　　＜request＞：**日本語を見る**

1. ＜problem＞：ワープロの使<small>つか</small>い方がわからない
   ＜request＞：ちょっと教える

151

2. ＜problem＞：空港へ友だちを迎えに行きたい
   ＜request＞：あした車を貸す

3. ＜problem＞：夏休みに京都へ行く
   ＜request＞：安くていい旅館を紹介する

c.　　A、B：友だち

A：あの、土曜日にパーティーがあるんだけど。

B：うん。

A：何か国の料理を作って｛もらえないかな。
　　　　　　　　　　　　　　　　くれないかな。

＜problem＞：土曜日にパーティーがある
＜request＞：何か国の料理を作る

1. ＜problem＞：お金がなくて困ってる
   ＜request＞：何かいいアルバイトを紹介する

2. ＜problem＞：コンピュータのプログラムを作ってる
   ＜request＞：ちょっと手伝う

3. ＜problem＞：中古の自転車がほしい
   ＜request＞：どこかリサイクルの店を教える

2. Having a request accepted/refused　引き受けてもらう／断わられる (S-3, S-4)

a.　　B：先生

A：先生、ちょっと、よろしいでしょうか。

B：はい。何ですか。

A：[Making a request]

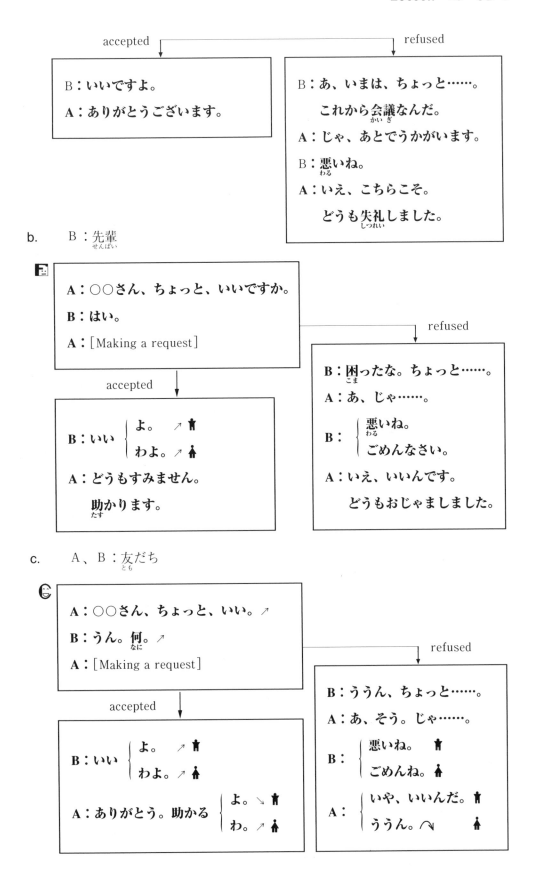

accepted — refused

B：いいですよ。
A：ありがとうございます。

B：あ、いまは、ちょっと……。
　これから会議なんだ。
A：じゃ、あとでうかがいます。
B：悪いね。
A：いえ、こちらこそ。
　どうも失礼しました。

b.　　B：先輩

A：○○さん、ちょっと、いいですか。
B：はい。
A：[Making a request]

refused

accepted

B：いい { よ。↗ 🧍
　　　わよ。↗ 🧍‍♀️
A：どうもすみません。
　助かります。

B：困ったな。ちょっと……。
A：あ、じゃ……。
B： { 悪いね。
　　 ごめんなさい。
A：いえ、いいんです。
　どうもおじゃましました。

c.　　A、B：友だち

A：○○さん、ちょっと、いい。↗
B：うん。何。↗
A：[Making a request]

refused

accepted

B：いい { よ。↗ 🧍
　　　わよ。↗ 🧍‍♀️
A：ありがとう。助かる { よ。↘ 🧍
　　　　　　　　　わ。↗ 🧍‍♀️

B：ううん、ちょっと……。
A：あ、そう。じゃ……。
B： { 悪いね。🧍
　　 ごめんね。🧍‍♀️
A： { いや、いいんだ。🧍
　　 ううん。〵 🧍‍♀️

153

3. Accepting a request 頼みを引き受ける (S-2)

a.　　A：先生

A：○○さん、ちょっと、いいかな。

B：はい。何でしょうか。↘

A：あの、例の、翻訳の仕事なんだけどね。

B：ああ、あれですね。↗

A：うん。すまないけど、英語のチェックをしてもらえないかな。

B：はい。よろこんで。

A：よかった。

b.　　A：先輩

A：○○さん、ちょっと、いい。↗

B：はい。

A：あの、例の、コンピュータのアルバイトなんだけど。

B：ああ、あれですか。

A：うん。悪いんだけど、ちょっと手伝ってくれないかな。

B：ええ、いいですよ。↗

A：ありがとう。助かった　{ よ。
　　　　　　　　　　　　　 わ。

c. A、B：友だち
     とも

A：○○さん、ちょっと、いい。↗

B：うん。何。↗
        なに

A：あの、新しいアパートが見つかったんだけど。
        あたら   み

B：あ、そう。

A：ひっこし、手伝ってもらえないかな。
              てつだ

B：いい、｛ よ。↗ 🧍
          わよ。↗ 🧍‍♀️

A：ありがとう。助かる ｛ よ。↘ 🧍
              たす   わ。↗ 🧍‍♀️

4．Giving a reason for refusing a request　理由を言って断わる（S-3）
                                            りゆう い こと

a. Practice the following expressions.

すみませんが、＜reason＞ ｛ ので……。📧
                      んです。📧

悪いけど、＜reason＞ ｛ んだ。☺
わる   の。↘ ☺🧍‍♀️

1. アルバイトがある

2. デートの約束がある
        やくそく

3. 大学院の試験が近い
   だいがくいん しけん ちか

4. 論文のしめきり（deadline）が近い
   ろんぶん

5. かぜをひいてちょっと具合いが悪い
                  ぐ あ

6. 来週ひっこしでいまちょっと忙しい
   らいしゅう   いそが

7. 今週中にレポートを書かなくちゃならない
   こんしゅうじゅう   か

8. パーティーの準備をしなくちゃならない
           じゅんび

9. 指導教官に会うことになってる

10. 先生のお宅にうかがうことになってる

11. ホームスティ（home stay）で北海道へ行くことになってる

12. 大使館のほうから仕事を頼まれてる

b. Give appropriate reasons for refusing the following requests.

1. 先生に翻訳のチェックを頼まれる。

2. 先輩にコンピュータのプログラムを頼まれる。

3. 先輩に翻訳のアルバイトを頼まれる。

4. 先生に学会の資料を作るのを頼まれる。

5. 友だちにひっこしの手伝いを頼まれる。

6. 先輩に車を貸してくれと頼まれる。

7. 友だちにアルバイトをかわってくれと頼まれる。

8. 友だちにいっしょに買物にいってくれと頼まれる。

5. Refusing a request politely　ていねいに頼みを断わる（S-3，S-4）

a.　　A：先生／先輩

A：（翻訳のチェックを頼む。）

B：あのう、それ、急ぎますか。

A：うん。土曜日までなんだけど。

B：実は、[Giving a reason for refusing the request]

A：そう。じゃ、ちょっと無理かな。

B：ええ。すみません。お役に立てなくて。

A：｛ いや、いいんだ。　　👤
　　ううん。〰 いいの。 ↘　👤 ｝ じゃ、また。

B：どうもすみませんでした。

（翻訳のチェックを頼む。）

1.（コンピュータのプログラムを頼む。）

2.（翻訳のアルバイトを手伝ってもらう。）

3.（学会の資料を作るのを手伝ってもらう。）

b.　　A、B：友だち

A：（ひっこしを手伝ってもらう。）

B：ううん。↘　それ、いつ。↗

A：今度の日曜日。

B：ううん。実は、[Giving a reason for refusing the request]

A：そう。じゃ、しかたないね。

B：うん。｜悪いね。
　　　　｜ごめんね。

A：｜いや、いいんだ。じゃ、また。
　　｜ううん、〴　だいじょうぶ。じゃね。

（ひっこしを手伝ってもらう。）

1.（車を貸してもらう。）

2.（アルバイトをかわってもらう。）

3.（いっしょに買物に行ってもらう。）

☆6．Forcing someone to accept your request　無理に頼む（S-5）

a.　　B：先輩

A：（パーティーのスピーチを頼む）

B：悪いけど、ちょっと……。

A：そこを何とかお願いできませんか。

B：ううん。↘　そう言われてもね。↘

A：<u>ほかに頼める人がいない</u>んです。

B：ううん……。

A：<u>簡単なのでいい</u>ですから。

B：うん。じゃ……。

A：どうもすみません。助かります。

（パーティーのスピーチを頼む）

ほかに頼める人がいない　　簡単なのでいい

1.（研究会の雑誌に何か書いてもらう）

先生が〇〇さんがいいだろうっておっしゃった　来月の末まででいい

2. your choice

b.　　A、B：友だち

A：<u>（アルバイトを手伝ってもらう）</u>

B：悪いけど、ちょっと……。

A：そこを何とか　{ 頼むよ。♂
　　　　　　　　　 お願い。♀

B：ううん。でも……。

A：<u>一人で困ってる</u>　{ んだ。♂
　　　　　　　　　　　 の。♀

B：　{ まいったな。
　　　 困ったな。

A：<u>食事おごる</u>から。

B：うん。じゃ……。

A：ありがとう。助かる　{ よ。♂
　　　　　　　　　　　 わ。♀

（アルバイトを手伝ってもらう）

一人で困ってる　　食事おごる

1.（パーティーの料理を作ってもらう）

みんなで作ってくることになってる　簡単なのでいい

2. your choice

7. Role play　ロールプレイ

Practice in pairs according to the role cards.　➡ TM

1. Making a request to your professor　先生に頼む

2. Making a request to your senior　　先輩に頼む

3. Refusing your professor's request　先生の頼みを断わる

4. Making a request to your friend/　友だちに頼む／

   Refusing your friend's request　　友だちの頼みを断わる

Tasks and Activities

1. もしもし、健二君いますか？　Hello, is Kenji-kun in?

田川一夫君は、友だちの山村健二君に電話をしました。電話には、最初に健二君のお母さんが出ました。このあと、健二君はすぐに電話に出られるでしょうか。すぐに話ができるときは〇、あとでもう一度電話するときは✕を書いてください。

Tagawa Kazuo-kun called his friend, Yamamura Kenji-kun. Kenji-kun's mother answered the phone first. Can Kenji-kun answer immediately? Write 〇 if he can answer immediately, and ✕ if he cannot.

例1	例2	1	2	3	4	5	6
〇	✕						

☆2. パーティーの予定　Let's have a party!

あなたは来週、クラスの友だちとパーティーをすることにしました。友だちの予定を聞いて、パーティーの日時（＝日と時間）を決めてください。（予定表は先生が渡します。）

　　You have decided to hold a party next week with your classmates. Decide the day and the time by asking about their schedules. (The schedules will be handed out by your teacher.)

来週の
月曜日はどう？

月曜日は東京へ行か
なくちゃいけないんだ。

テストの準備をしなければ…。でも、火曜の午後ならいいよ。

＊来週の予定表

例		
	14（月）	
	15（火）	・漢字テスト
	16（水）	・アニルさん　たんじょうびパーティー（19:00～）
	17（木）	
	18（金）	・図書館に本を返す
	19（土）	
	20（日）	北海道旅行　10:30　東京発
	21（月）	

161

3. 無人島へ　Desert island
むじんとう

あなたの乗った船が難破してしまいました。あなたは船を降りて近くの島に行く
　　　の　　　ふね　なんぱ　　　　　　　　　　　　　　　　　ふね　お　　　ちか　　しま　い
ことにしました。島には人が住んでいません。島に行くとき、下のリストにある
　　　　　　　　　ひと　す　　　　　　　　　　　　　　　　　した
ものを5つだけ持っていくことができます。あなたはどれを選びますか。そして、
　　　　　　　も　　　　　　　　　　　　　　　　　　　　　　えら
それは何のために持っていくのか言ってください。
　　　なん　　　　　　　　　　い

　　　島 *island*　　難破 *shipwreck*
　　　しま　　　　なんぱ

The ship you were on was wrecked and you decided to get off the ship and to
go to a nearby uninhabited island. You can take only five of the items below with
you. Which do you choose? And why?

例1) 洗濯するためにせっけんを持っていきます。
れい　せんたく
例2) よく眠れるように睡眠薬を持っていきます。
　　　　ねむ　　　　　　すいみんやく

ナイフ　　　　　　ラジオ　　　　　　マッチ　　　　　せっけん

時計　　　　　　　鏡　　　　　　　　シーツ　　　　　ラム酒
とけい　　　　　　かがみ　　　　　　　　　　　　　　しゅ

洗濯ばさみ
せんたく

タオル

かみそり

本
ほん

睡眠薬
すいみんやく

カメラ

ノートとペン

犬
いぬ

ロープ

ヘルメット

スコップ

花火
はなび

役に立つ言葉
やく　た　　ことば

穴 あな	hole	掘る ほ	to dig
消毒する しょうどく	to disinfect	ふく	to wipe
乾かす かわ	to dry	信号 しんごう	signal
反射する はんしゃ	to reflect	はさむ	to pinch
罠 わな	trap	つかまえる	to catch
まもる	to guard	助ける たす	to help, to rescue
救助（隊） きゅうじょ　たい	rescue (party)	結ぶ むす	to tie

4. 日本の生活・習慣クイズ　Life and customs in Japan
にほん　せいかつ　しゅうかん

a.　あなたは日本の生活や習慣を、どのくらい知っていますか。次の文の中で、正
にほん　せいかつ　しゅうかん　　　　　　　　　し　　つぎ　ぶん　なか　ただ

しいものには○、まちがっているものには×をつけなさい。それから、クラス

で話し合ってみましょう。　　　　　　　生活 *life*　　習慣 *custom*
はな　あ　　　　　　　　　　　　　　せいかつ　　　しゅうかん

To what extent are you familiar with life and customs in Japan? Put ○ for
correct statements, and × for incorrect ones.

◇**日本の生活・習慣クイズ**◇◇**レベル 1**◇
せいかつ　　しゅうかん

1. 日本の家に入るときには、くつをぬがなくてはならない。 いえ　はい	○
2. みそしるを飲むとき、音をたてなければいけない。 の　　　おと	
3. 車は道の左側を通らなければならない。 くるま　みち　ひだりがわ　とお	
4. 日本人の名前は、漢字で書かなければならない。 じん　なまえ　かんじ　か	
5. 日本のおふろに入るときは、おふろのそとで体を洗わなくては からだ　あら ならない。	

みそしる *miso soup*　　音をたてる *to make a sound*
おと

◇日本の生活・習慣クイズ◇◇レベル 2◇

1.「お見合い」をしたら、その人と結婚しなければならない。
2. 日本の小学校では、英語を勉強しなければならない。
3. おふろから出るときは、おふろのお湯をすてなければならない。
4. 20才になるまで、結婚してはいけない。
5. 医者になるには、国家試験（＝国の試験）に合格しなくてはいけない。

お見合い *interview with a view to marriage*　　お湯 *hot water*

◇日本の生活・習慣クイズ◇◇レベル 3◇

1. 日本の子どもは、10年間学校へ行かなくてはならない。
2. 日本人の男性は、１年間兵役に行かなければいけない。
3. 食事のとき、はしからはしへ食べ物を渡してはいけない。
4. 結婚式のとき、黒い着物を着てはいけない。
5. 仏教の寺では、祈るとき、手をたたかなければならない。

兵役 *military service*　　はし *chopsticks*　　仏教 *Buddhism*
祈る *to pray*

☆b.　あなたの国の生活や習慣について、書いてください。

Write about life and customs in your country.

165

旅行の相談
りょ　こう　　そう　だん

Planning a trip

● *New Words in Drills*

・ is used only in Conversation Drills

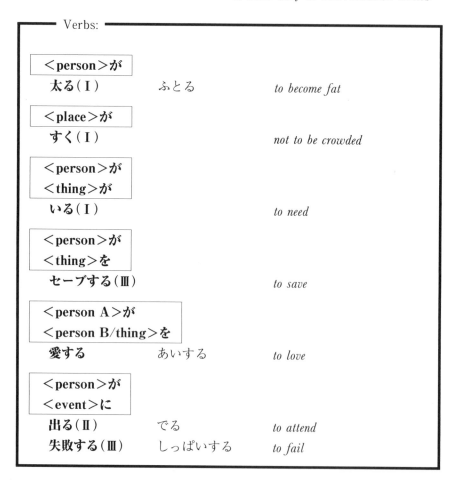

Verbs:		
<person>が 太る（Ⅰ）	ふとる	*to become fat*
<place>が すく（Ⅰ）		*not to be crowded*
<person>が <thing>が いる（Ⅰ）		*to need*
<person>が <thing>を セーブする（Ⅲ）		*to save*
<person A>が <person B/thing>を 愛する	あいする	*to love*
<person>が <event>に 出る（Ⅱ）	でる	*to attend*
失敗する（Ⅲ）	しっぱいする	*to fail*

Nouns:		
美術館	びじゅつかん	*art museum*
おじいさん		*old man*
年より	としより	*old person*
モーター		*motor*
・町	まち	*town*
・港	みなと	*port*

・自然	しぜん	*nature*
・行き先	いきさき	*destination*
・日時	にちじ	*the time and date*
・計画表	けいかくひょう	*plan table*
・〜泊〜日	〜はく〜か	*〜 nights 〜 days*

─ Other words: ─

さっき		*a little while ago*
確か	たしか	*if I am correct*
せっかく		*with much trouble*
やっぱり		*as was expected*

● *Additional New Words in Drills*

─ People's job: ─

候補	こうほ	*candidate*
幹事	かんじ	*manager*
司会	しかい	*chairman*
議長	ぎちょう	*chairman*
会計	かいけい	*acount, acountant*
会長	かいちょう	*president*

─ Other words: ─

もみじ		*maple*
滝	たき	*waterfall*
温泉	おんせん	*hot spring*
景色	けしき	*scenery*
まつり		*festival*
中華街	ちゅうかがい	*china town*
中華料理	ちゅうかりょうり	*chinese dishes*
民宿	みんしゅく	*private lodging house*
町なみ	まちなみ	*the rows of houses*
ラーメン		*chinese noodles*
歌舞伎	かぶき	*kabuki*
トピック		*topic*
記事	きじ	*article*

┌─ Tourist Spots: ──────────────────────────────────┐

華厳の滝	けごんのたき	water fall in Nikko called "Kegon"
東照宮	とうしょうぐう	shrine in Nikko called "Toshogu"
芦ノ湖	あしのこ	lake "Ashinoko" in Hakone
原爆ドーム	げんばくドーム	ruin in Hiroshima
平和公園	へいわこうえん	park for Peace in Hiroshima
宮島	みやじま	Miyajima shrine in Hiroshima
兼六園	けんろくえん	Kenrokuen park in Kanazawa
ベイブリッジ		Bay bridge in Yokohama

└──┘

┌─ Transportation: ──────────────────────────────────┐

乗り物	のりもの	*conveyance*
東武線	とうぶせん	*Tobu Line*
特急	とっきゅう	*express*
遊覧船	ゆうらんせん	*pleasure boat*
ロマンスカー		*Express train called "Romance Car"*
ロープウェイ		*ropeway*

└──┘

Structure Drills

1. 例のように文を作りなさい。

　　1）タイ料理を食べる・あの店

　　　　→ タイ料理を食べる（の）なら、あの店がいいですよ。

　　2）日本料理・おすし

　　　　→ 日本料理なら、おすしがいいですよ。

　　1. カメラを買う・新宿

　　2. 旅行に行く・長野

　　3. 北海道に行く・夏

　　4. ジャズを聞きたい・「アクアク」

　　5. ワイン・白

　　6. 絵が好きだ・美術館

　　7. 働く・　？

　　8. 結婚する・　？

2. 例のように練習しなさい。

　　A：あしたジムさんに会うんですよ。

　　B：そうですか。ジムさんに会うのなら、これを渡していただけませんか。

　　1. A：コンピュータを買うんです。

　　　　B：そうですか。＿＿＿＿＿＿＿＿＿＿のなら、秋葉原へ行ったらいいですよ。

　　2. A：ちょっと疲れました。

　　　　B：そうですか。＿＿＿＿＿＿＿＿のなら、少し休みましょうか。

　　3. A：このれいぞうこ、もういりません。

　　　　B：そうですか。＿＿＿＿＿＿＿＿のなら、私にください。

　　4. A：このせんたく機、いらないから、すてます。

　　　　B：そうですか。＿＿＿＿＿＿＿＿のなら、私にください。

5. A：問題があって、困っているんです。

  B：そうですか。＿＿＿＿＿＿＿＿のなら、先生に相談してみたらどう

  ですか。

6. A：今度の日曜日はちょっと忙しいんですけど。

  B：そうですか。＿＿＿＿＿＿＿＿のなら、出席しなくてもいいですよ。

7. A：あさってはどうですか。

  B：＿＿＿＿＿＿＿なら、行けると思います。

8. A：リサさんは。

  B：＿＿＿＿＿＿＿なら、となりの部屋にいますよ。

3. 例のように練習しなさい。

雨が降る ＋ 行く → 雨が降っても、行きます。

1. かぜをひく ＋ 休まない

2. 国へ帰る ＋ 日本語の勉強を続ける

3. たくさん食べる ＋ 太らない

4. 高い ＋ 買う

5. ねむい ＋ 起きている

6. 働きたい ＋ 仕事がない

7. 忙しい ＋ ？

8. ？ ＋ 泣かない

4. 例のように練習しなさい。

あした雨が降る・休む → A：あした雨が降ったら、休みますか。

                    B：いいえ、雨が降っても、休みません。

1. 研究が終わる・帰国する

2. 走る・間に合う

3. 安い・買う

4. 今度の日曜日ひまだ・出かける

5. 奨学金がもらえる・アルバイトをやめる
   しょうがくきん

6. 結婚する・生活をかえる
   けっこん　　　　せいかつ

7. 辞書を調べる・わかると思う
   じしょ　しら　　　　　　　おも

5. 例のように練習しなさい。
れい　　　　　　　　れんしゅう

何度・聞く　＋　わからなかった
なんど　き

→　何度聞いても、わかりませんでした。

1. 何度・呼ぶ　＋　返事がない
   よ　　　　　　　へんじ

2. 何度・電話する　＋　話し中だ
   でんわ　　　　　　はな　　ちゅう

3. いくら・食べる　＋　太らない
   た　　　　　　　　ふと

4. いくら・さがす　＋　見つからなかった
   み

5. どんなに・うるさい　＋　寝られる
   ね

6. どんなに・愛している　＋　結婚できない
   あい

7. いくら・寝る　＋　？
   ね

8. どんなに・忙しい　＋　？
   いそが

6. 例のように練習しなさい。

a.　ジムさん　　　　　　　＜寒い　＋　アイスクリームを食べている＞
さむ

→　ジムさんは、寒いのに、アイスクリームを食べています。

1. 鈴木さん　　　　　　＜暑い　＋　セーターを着ている＞
   すずき　　　　　　　あつ　　　　　　　　　　き

2. 伊藤さん　　　　　　＜家が近い　＋　いつも遅れる＞
   いとう　　　　　　　いえ　ちか　　　　　　　おく

3. あの人　　　　　　　＜知っている　＋　教えてくれない＞
   ひと　　　　　　　　し　　　　　　　　おし

4. リーさん　　　　　　＜来ると言った　＋　来なかった＞
   く　　　い　　　　　　こ

5. ケビンさん　　　　　＜病気だ　＋　授業に出ている＞
   びょうき　　　じゅぎょう　で

6. あのおじいさん　　＜年よりだ　＋　考え方が若い＞
   とし　　　　　　かんが　かた　わか

7. ○○さん　　　　　　＜日本人だ　＋　漢字をよくまちがえる＞
   にほんじん　　　　　かんじ

8. ○○ちゃん　　　　　＜子どもだ　＋　？＞
   こ

b. 勉強した ＋ きょうはテストがなかった

→ 勉強したのに、きょうはテストがありませんでした。

1. いっしょうけんめいがんばった ＋ 失敗した
2. あしたから旅行に行く ＋ まだ何も準備していない
3. 10年も勉強した ＋ 英語が話せない
4. 準備した ＋ お客さんが来なかった
5. 料理をたくさん作った ＋ だれも食べなかった
6. 聞いたばかりだ ＋ もう忘れてしまった
7. さっき食べたばかりだ ＋ もうおなかがすいた

7. 例のように練習しなさい。

バスはもうすぐ来ます → バスはもうすぐ来るはずです。

1. 山田さんはきょうは来ません
2. もう準備は終わりました
3. 彼はきょうは忙しいです
4. 使い方は簡単です
5. 佐藤さんはスペイン語が上手です
6. 田中さんなら、それについて知っています
7. スイッチを入れると、モーターが動きます
8. 説明をよく読めば、わかります

8. 例のように練習しなさい。

A：山下さんはもうすぐ来ますか。 ＜さっき電話があった＞
B：さっき電話があったから、もうすぐ来るはずです。

1. A：鈴木さんは、まだいますか。 ＜かばんがある＞
2. A：もう手紙は着いたでしょうか。 ＜5日前に出した＞
3. A：木村先生はきょう大学にいらっしゃいますか。

＜きょうは火曜日だ＞

4．A：田中さんはこのことをもう知っているでしょうか。

　　　　　　　　　　　　　　　　＜まだ話していない＞

5．A：歯医者はすいていますか。　　＜水曜の午後だ＞

9．例のように練習しなさい。

　　A：あの人はいつも勉強していますね。

　　B：ええ、来月大学院の試験があるんですよ。

　　A：ああ、それでいつも勉強しているわけですね。

1．A：きょうは静かですね。

　　B：ええ、みんな旅行に出かけたんですよ。

　　A：ああ、それで＿＿＿＿＿＿＿＿＿＿＿＿＿＿＿＿＿＿＿＿＿。

2．A：鈴木さんは最近よくドライブに行きますね。

　　B：ええ、新しい車を買ったんですよ。

　　A：ああ、それで＿＿＿＿＿＿＿＿＿＿＿＿＿＿＿＿＿＿＿＿＿。

3．A：アンさんは日本語が上手ですね。

　　B：ええ、子どものとき、日本に住んでいたんですよ。

　　A：ああ、それで＿＿＿＿＿＿＿＿＿＿＿＿＿＿＿＿＿＿＿＿＿。

4．A：このカレーはからいですね。

　　B：ええ、国から送ってきたカレーなんですよ。

　　A：ああ、それで＿＿＿＿＿＿＿＿＿＿＿＿＿＿＿＿＿＿＿＿＿。

5．A：道がこんでいますね。

　　B：この先で事故があったらしいですよ。

　　A：ああ、それで＿＿＿＿＿＿＿＿＿＿＿＿＿＿＿＿＿＿＿＿＿。

10．確か・実は・せっかく・やっぱり を使って練習しなさい。

　　＜確か＞

1．A：田中さんは。

　　B：（　　　　　）大阪に行っているんじゃないかな。

2. A：となりの方は。

   B：（　　　　　　）10時ごろお出かけになったと思いますけど。

3. A：（　　　　　　）レポートは金曜日までですね。

   B：いいえ、水曜日ですよ。

＜実は＞

1. A：いまよろしいですか。

   B：ええ、どうぞ。

   A：（　　　　　　）論文のテーマのことなんですけど。少しかえたいんですが。

2. A：どうしたんですか。

   B：（　　　　　　）電車に忘れ物をしちゃったんです。

＜せっかく＞

1. A：（　　　　　　）データを入れたのに、消してしまった。

   B：えっ、セーブしなかったの。

2. A：どうぞ食事をしていってください。

   B：いえ、けっこうです。

   A：（　　　　　　）作ったんですから。

   B：じゃ、いただきます。

＜やっぱり＞

1. A：林 さんはまだですね。

   B：いつも遅れてくるんです。

   A：あっ、来た、来た。（　　　　　　）遅れましたね。

2. A：コンサートに行かない。

   B：そうだな……。やめておこうかな。

   　　あ、でも（　　　　　　）行く。

Conversation Drills

1. Making a choice 選ぶ（S-1）

a. Making a choice from several possibilities　いくつかの中から選ぶ

> A：旅行のこと、決まりましたか。
> B：ええ。今のところ、箱根、金沢、日光ってところが候補なんですけど。
> A：ううん。↘　日光がいいんじゃないでしょうか。

　｛箱根／金沢／日光｝

1. ｛北海道／四国／九州｝　　　　　2. ｛京都／奈良／大阪｝
3. ｛札幌／広島／長崎｝　　　　　　4. ｛仙台／鎌倉／名古屋｝
5. ｛海／山／ディズニーランド｝　　6. ｛タイ／フィリピン／インド｝
7. ｛フランス／ドイツ／イギリス｝　8. your choice

b. Choosing a person　人を選ぶ

> A：旅行の幹事、決まった。↗
> B：うん。今のところ、○○さん、○○さん、○○さんってところが候補
> 　なんだけど。
> A：ううん。↘　○○さんがいいんじゃないかな。

　旅行の幹事

1. パーティーの司会　　　　2. クラブの会計係
3. 会議の議長　　　　　　　4. 留学生会の会長
5. スピーチ大会の司会　　　6. カラオケ大会の幹事
7. your choice

2. Making a proposal　提案する（S-1）

a. Destination and reasons　行き先と理由

> A：日光がいいんじゃないでしょうか。
> 　　1月なら、華厳の滝が凍ってて、きれいだそうですし。
> B：そうですね。日光もいいですね。

日光　　1月なら華厳の滝が凍っている／きれいだ

Information
1. 日光　　有名な東照宮がある／きれいだ

　2月なら雪が多い／スキーもできる

　10月ならもみじがきれいだ／温泉もある

　浅草から東武線の特急で2時間ぐらいだ

Information
2. 箱根　　富士山が見える／景色がきれいだ

　温泉がある／芦ノ湖には遊覧船もある

　有名な美術館がある／おもしろい

　新宿からロマンスカーで1時間半ぐらいで行ける

Information
3. 金沢　　海の近くだ／魚がおいしい

　有名な兼六園がある／きれいだ

　古い町が残っている／おもしろい

4. 札幌　　2月なら雪まつりをやっている／きれいだ
5. 長崎　　古い教会や外国の建物がある／歴史のある町だ
6. 広島　　原爆ドームや平和公園がある／宮島も有名だ。
7. your choice

b. Reasons for choosing a person 人を選ぶ理由
   ひと えら りゆう

A：パーティーの司会、決まった。↗
　　　　　しかい　き

B：うん。今のところ○○さん、○○さん、○○さんってところが候補な
　　　　　いま　　　　　　　　　　　　　　　　　　　　　　　　　こうほ
　んだけど。

A：○○さんがいいんじゃないかな。話が上手だし、明るいし。
　　　　　　　　　　　　　　　　　　　　　　はなし　じようず　　あか

　　パーティーの司会

1. リクレーション係　　2. 会計係　　　　　　3. 議長
　　　　　　　　がかり　　　　　　かいけいがかり　　　　　　　　ぎちよう
4. 留学生会の会長　　　5. スピーチ大会の司会　6. 旅行の幹事
　　りゆうがくせいかい　かいちよう　　　　　　　　　たいかい　　　　　　りよこう　かんじ
7. your choice

> 話が上手だ　　　明るい　　まじめだ　　責任感がある
> 　　　　　　　　　　　　　　　　　　　せきにんかん
> ユーモアのセンスがある　　リーダーシップがある

☆c. Holiday plans 休みの計画
   やす　けいかく

A：休みの計画、どうする。↗

B：うん。スキーに行くっていうのはどう { かな。
　　　　　　　　　　　　　　　　　　　　　 かしら。♀

A：スキーね。↘

B：じゃ、京都でお寺を見るっていうのは。↗
　　　　　きようと　　てら　み

A：ああ、それはいい { ね。
　　　　　　　　　　　 わね。♀

　　スキーに行く／京都でお寺を見る

1. コンサートに行く／映画を見る
　　　　　　　　　　　えいが
2. 山にのぼる／海で泳ぐ
　　やま　　　　うみ　およ

3. 温泉に行く／キャンプする

4. テニスをする／美術館へ行く

5. 銀座でフランス料理を食べる／横浜で中華料理を食べる

6. your choice

3. Supporting someone's view 意見に賛成する (S-3)

a.

A：金沢はちょっと遠いんじゃないでしょうか。
B：そうですね。私もそう思います。

金沢はちょっと遠い

1. 鎌倉は近くてつまらない
2. 先生に相談したほうがいい
3. 新幹線で行ったほうがいい
4. 水曜日より木曜日のほうがいい
5. 山下さんに頼めばいい
6. 旅館より民宿のほうがいい
7. your choice

（私も）そう思います。　　（私も）賛成です。

いい考えだと思います。　　そのほうがいいと思います。

☆b.

A：金沢はちょっと遠いんじゃない。↗

B：そう ｛ ね。👩 ／ だね。👨 ｝ ちょっと遠い ｛ わよね。👩 ／ よね。 ｝

金沢はちょっと遠い

1. 飛行機は高い
2. 田中さんはしゃべりすぎる
3. 鎌倉は近すぎる
4. 北海道は遠すぎる
5. 山下さんはまじめすぎる
6. あの先生はきびしい
7. your choice

178

4. Expressing an opposing view　反論する（S-2）
はんろん

a. To a senior

A：日光がいいんじゃないかと思います。東照宮もあるし。
にっこう　　　　　　　　　　　　　　おも　　　とうしょうぐう

B：そうですね。東照宮もいいですけど、日光は寒いですよ。
さむ

もっと暖かいところのほうがいいんじゃないでしょうか。
あたた

〈proposal〉A：**日光**　　　　**東照宮もある**

〈counterargument〉B：**寒い**　　　**もっと暖かいところ**

1. 　〈proposal〉A：金沢　　　兼六園という有名な公園もある
　　　　　　　　　　かなざわ　　けんろくえん　　　ゆうめい　こうえん

　〈counterargument〉B：遠い　　　もっと近いところ
　　　　　　　　　　　　とお　　　　　　ちか

2. 　〈proposal〉A：横浜　　　ベイブリッジも見える
　　　　　　　　　　よこはま　　　　　　　　　　　み

　〈counterargument〉B：人が多い　　もっと静かなところ
　　　　　　　　　　　　ひと　おお　　　　しず

3. 　〈proposal〉A：箱根　　　温泉もある
　　　　　　　　　　はこね　　　おんせん

　〈counterargument〉B：つまらない　もっとおもしろいところ

4. 　〈proposal〉A：ディズニーランド　いろいろな乗り物がある
　　　　　　　　　　　　　　　　　　　　　　　　の　もの

　〈counterargument〉B：高い　　　もう少し安いところ
　　　　　　　　　　　　たか　　　すこ　やす

5. 　〈proposal〉A：京都　　　古いお寺がたくさんある
　　　　　　　　　　きょうと　ふる　てら

　〈counterargument〉B：こんでいる　もっと人が少ないところ
　　　　　　　　　　　　　　　　　　ひと　すく

6. your choice

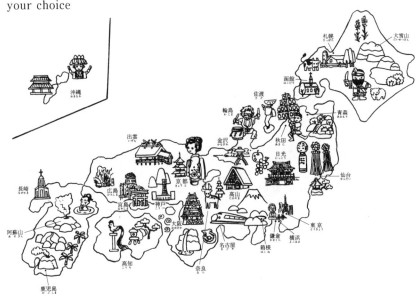

☆b.　Arguing against a counterargument　反論に反論する
　　　　　　　　　　　　　　　　　　はんろん

> A：日光がいいんじゃないかと思います。東照宮もあるし。
> 　　にっこう　　　　　　　　おも　　　とうしょうぐう
> B：そうですね。東照宮もいいですけど、もっと暖かいところのほうが
> 　　　　　　　　　　　　　　　　　　　　　　　　　あたた
> 　　いいんじゃないでしょうか。
> A：でも、日光なら、近いし、スキーもできるし。
> 　　　　にっこう　　ちか
> B：ええ、まあ。でも、冬はやっぱり温泉とか、暖かいところのほうが…
> 　　　　　　　　　　　ふゆ　　　　おんせん
> 　　…。たとえば、箱根なんてどうでしょうか。
> 　　　　　　　　　はこね
> A：そうですね。

　　A：日光＝東照宮もある／近い／スキーができる

　　B：箱根⇒冬は温泉とか、暖かいところがいい

1.　A：金沢＝兼六園もある／魚もおいしい／古い町なみがきれいだ
　　　　かなざわ　けんろくえん　　さかな　　　　　ふる　まち
　　B：日光⇒あまり時間がないから、もっと近いところがいい
　　　　　　　　　　　じかん
2.　A：横浜＝港の見える公園がある／中華街で中華料理が食べられる
　　　　よこはま　みなと　み　こうえん　　　ちゅうかがい　ちゅうかりょうり　　た
　　　　　　　ベイブリッジもきれいだ
　　B：鎌倉⇒もっと日本の古いお寺や建物が見られるところがいい
　　　　かまくら　　　にほん　　てら　たてもの
3.　A：箱根＝温泉がある／富士山も見える／ロープウェイにも乗れる
　　　　はこね　おんせん　　ふじさん　　　　　　　　　　　の
　　B：伊豆⇒新鮮な魚が食べられるところへ行きたい
　　　　いず　しんせん
4.　A：北海道＝広い／自然が美しい／ラーメンがおいしい
　　　　ほっかいどう　ひろ　しぜん　うつく
　　B：九州⇒寒いから、もう少し暖かいところがいい
　　　　きゅうしゅう　さむ　　　　　すこ
5.　your choice

☆c.　To a friend　友だちに反論する
　　　　　　　　　とも

> A：スキーがいいんじゃないかな。
>
> B：スキーなんて寒い｛よ。　🧍　｝映画がいいな。映画が。
> 　　　　　　　さむ　　　わよ。　🧍　　　えいが

　　　スキー

1. タイ料理
   りょうり
2. ロック・コンサート

3. サイクリング
4. ディスコ

5. 歌舞伎
   かぶき
6. 横浜のベイブリッジ
   よこはま

7. 美術館
   びじゅつかん
8. your choice

5. Asking someone's opinion　意見を聞く
いけん　き

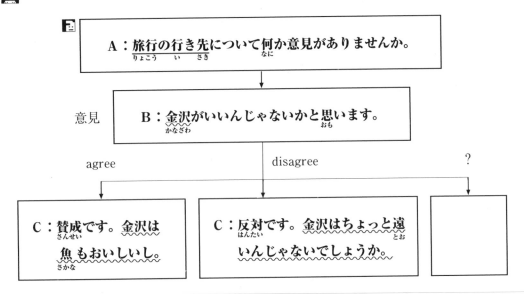

A：旅行の行き先について何か意見がありませんか。
りょこう　い　さき　　　なに

意見　　B：金沢がいいんじゃないかと思います。
かなざわ　　　　　　　　　　　　　おも

agree　　　　　　　disagree　　　　　　?

C：賛成です。金沢は
さんせい
　魚もおいしいし。
　さかな

C：反対です。金沢はちょっと遠
はんたい　　　　　　　　　　　　とお
　いんじゃないでしょうか。

旅行の行き先

1. さよならパーティーの場所
   ばしょ
2. 次の会議の日時
   つぎ　かいぎ　にちじ

3. 会話クラスのトピック
   かいわ
4. 泊まるところ
   と

5. your choice

6. Asking for someone's agreement　同意を求める（S-4）
どうい　もと

a.

A：やっぱり日光のほうがいいと思うんですけど、｜いかがでしょう。
　　　にっこう　　　　　　　　　　　　　　　　　｜どうですか。

B：そうですね。

日光のほうがいい

1. 車で行ったほうがいい
2. みんなで決めたほうがいい
3. フランス料理のほうがいい
4. 土曜日にしたほうがいい
5. 先生に相談したほうがいい
6. your choice

☆b. Use the cues in a.

A：やっぱり冬は温泉がいい ｜ よ。　なあ、B。　👨
　　　　　　　　　　　　　 ｜ わよ。ねえ、Bさん。👩

B：うん。そう ｜ だね。👨
　　　　　　　 ｜ ね。👩

7. Avoiding a definite answer　はっきりした答えをさける（S-5）

A：やっぱりバスで行ったほうがいいと思うんです。
　　　｜ ええ、まあ（そうですね）。
B：　｜ ええ、そうかもしれませんね。
　　　｜ そうでしょうか。↘

バスで行ったほうがいい

1. あそこの店で買わないほうがいい
2. 飛行機には乗らないほうがいい
3. スキーなんて寒いだけだ
4. 金沢は遠すぎる
5. 鈴木さんの言うことは信用できない
6. 外国人が日本語をマスターするなんて無理だ
7. your choice

☆8. Having a debate　ディベート

2つのグループに分かれて、次のテーマについてどちらの意見がいいか、話し合いなさい。

1. 和式（Japanese style）の家と、洋式（Western style）の家と、どちらがいいか。

2. いなか（countryside）に住むのと、都会（city, urban area）に住むのと、どちらがいいか。

3. 日本語に、漢字はあったほうがいいか、ないほうがいいか。

4. 年をとったら、子どもといっしょに住むほうがいいか、別々に住むほうがいいか。

5. 日本のお中元（mid-summer gift giving）や、お歳暮（end-of-year gift giving）の習慣は、あったほうがいいか、やめたほうがいいか。

9. Project work　プロジェクトワーク

1. 2つのグループに分かれる。Aグループは日光、Bグループは箱根について、行くときの交通手段（Means of transport）、泊まるところ、見るところ、などの情報を集めなさい。そして、予算（Budget）、日程（Schedule）などに合わせて計画表を作りなさい。そのあと、議長を決め、会議をして、どちらのほうがいいか話し合って、1つの場所に決めなさい。

☆2. 日本語コースの思い出に、文集（a collection of essays）を作ろうと思う。写真をとる係、学生の作文を集める係、先生にインタビューして記事を書く係、イラストやレイアウトをする係、などを決め、いつまでに何をどうやったらいいか話し合って、計画を作りなさい。

☆3. グループに分かれて日本の有名な観光地（tourist resorts）を調べ、みんなで大きい1まいの地図に書きこんで、日本の観光地図を作りなさい。

☆4. クラスの学生みんなで旅行をする。土曜日と日曜日を使って、今いるところから1泊2日で行けるところをさがしなさい。そして、日程、予算、どこに行くか、などの計画をみんなで話し合って決めなさい。

Tasks and Activities

1. 留学生会議　The foreign students' meeting

留学生たちが、留学生会の会議を始めようとしています。しかし、まだ4人来ていません。この4人は会議に来るでしょうか。テープを聞いて来るかどうか答えなさい。

　　　The foreign students are about to begin the meeting. But four people have not arrived yet. Are they coming? Listen to the tape and answer if they are coming or not.

1. アニル　　（a. 来る　　b. 来ない）

2. リサ　　　（a. 来る　　b. 来ない）

3. ロペス　　（a. 来る　　b. 来ない）

4. プラニー　（a. 来る　　b. 来ない）

2. アドバイス Advice

つぎの会話では、アドバイスをうけています。どんなアドバイスをうけたか、下の絵から正しいものをえらびなさい。

In the following conversations, people are asking for advice. Select the appropriate pictures corresponding to the advice given.

1. (　　) 2. (　　) 3. (　　) 4. (　　) 5. (　　)

a.

b.

c.

d.

e.

f.

3. 社会で成功するためには、何が大切か。
What is important for becoming successuful?

a. 社会で成功するためには、何が大切かを5人に聞きました。あなたはどう思いますか。

成功する　to succeed　大切　important

いい家に生まれたり、親が社会で高い地位にいたりすることが、社会で成功するためには必要だと思います。

地位　social status　　a.

成功するためには、その人に才能がなければなりません。才能があればきっと、成功すると思います。

才能　abilities　　b.

私はどんなときでも、いっしょうけんめい努力することが大切だと思います。努力すれば、成功するはずです。

いっしょうけんめい　do one's best
努力　effort

d.

どんなにがんばっても、いい大学を出ていないと、会社ではあまりいい仕事をさせてもらえません。やっぱり、学歴が大切です。

学歴　good education

運がいいか悪いかで、成功するかどうかは決まると思います。運がいい人しか、成功しないんじゃないでしょうか。

運　luck

c.　　　　　　　　　e.

1. あなたは、この中のどの意見に賛成ですか。2つ選んでください。
（　　）（　　）

2. クラスの中で話し合って、どの意見に賛成が多かったか、書いてください。
（　　）（　　）

b.　世界の９か国の18歳から24歳の男女に調査した結果です。
　　　　せかい　　こく　　さい　　　　　　　さい　だんじょ　ちょうさ　　けっか

　　　結果を見て質問に答えなさい。
　　　けっか

　　　　　調査　survey　結果　result

調査の質問

社会に出て成功するためには何が重要ですか。
しゃかい　で　せいこう　　　　　　なに　じゅうよう

Which of the following do you think are important for becoming successful?

下の１から５から２つ選んでください。
した　　　　　　　　　えら

1．身分・家がら・親の地位
　　みぶん　いえ　　　おや　ちい

　　　　身分　family position　　家がら　social rank
　　　みぶん　　　　　　　　　　いえ

　　　　親の地位　parents social status
　　　おや　ちい

2．個人の才能
　　こじん　さいのう

　　　　個人　personal　才能　abilities
　　　こじん　　　　　　さいのう

3．個人の努力
　　こじん　どりょく

　　　　努力　effort
　　　どりょく

4．学歴
　　がくれき

　　　　学歴　good education
　　　がくれき

5．運やチャンス
　　うん

　　　　運　luck　チャンス　opportunity
　　　うん

結果
けっか

1. 身分・家がら・親の地位
みぶん　いえ　　　おや　ちい

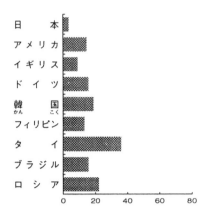

2. 個人の才能
こじん　さいのう

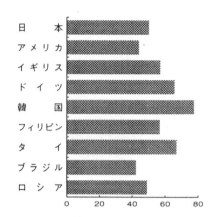

3. 個人の努力
こじん　どりょく

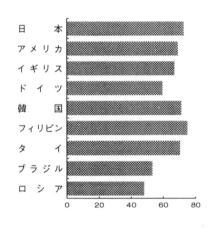

4. 学歴
がくれき

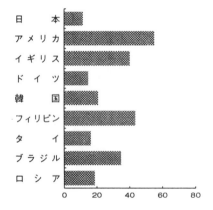

5. 運やチャンス
うん

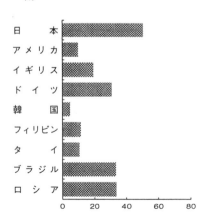

総務庁「第5回世界青年意識調査報告書」（1993年）

188

質問

1. 前のページのグラフを見て、（　　　　）に□の中から１〜５の適当な番号を書いて文を完成させなさい。

> 1. 身分・家がら・親の地位
> 2. 個人の才能
> 3. 個人の努力
> 4. 学歴
> 5. 運やチャンス

1. ９か国で多かった答えは、（　　　　）と（　　　　）でした。

2. （　　　　）はタイがいちばん多かったです。

3. 日本がほかの国よりも多かったのは（　　　　）で、50％以上の人が選んでいます。

4. （　　　　）は、アメリカが55％と９か国の中ではいちばん多く、フィリピン、イギリスが40％以上で続いています。

5. 韓国で（　　　　）を選んだ人は4.6％とたいへん少なかったです。

6. （　　　　）と（　　　　）は９か国の中で日本がいちばん少なかったです。

7. アメリカでは、２番目に多かったのは「個人の才能」ではなくて（　　　　）でした。

2. あなたの予想とちがっていたところはありますか。話し合いましょう。

予想　predicate

ＡＰＰＥＮＤＩＸ

───────◀ **C.D. Check** ▶───────

L 17

1. Listen to the dialogues a, b and c without looking at the drillbook, and choose the correct answer.

a. ♪ この女の人は今度の日曜日 { 1）予定があります。
　　　　　　　　　　　　　　　　　 2）ひまです。
　　　　　　　　　　　　　　　　　 3）忙しいです。

　 ♬ この女の人は今度の日曜日 { 1）予定があります。
　　　　　　　　　　　　　　　　　 2）ひまです。
　　　　　　　　　　　　　　　　　 3）あいています。

b. ♪♬ { 1）先生　} が { 1）先生　} に日曜日の予定を聞いています。
　　　　2）学生　　　　 2）学生
　　　　3）友だち　　　 3）友だち

c. ♪♬ { 1）先生　} が { 1）先生　} に日曜日の予定を聞いています。
　　　　2）学生　　　　 2）学生
　　　　3）友だち　　　 3）友だち

2. Listen to the dialogues a and b without looking at the drillbook, and choose the correct answer.

a. この男の人は、今度の { 1）日曜日 } の { 1）音楽会 } に { 1）友だち } を
　　　　　　　　　　　　　 2）土曜日　　　 2）講演会　　　 2）先生
　　　　　　　　　　　　　 3）金曜日　　　 3）展覧会　　　 3）先輩
さそいました。

b. この男の人は、{ 1）教育会館 } でコンサートをするので { 1）友だち } を
　　　　　　　　　 2）文化会館　　　　　　　　　　　　　 2）先生
　　　　　　　　　 3）大学会館　　　　　　　　　　　　　 3）先輩
さそいました。

3. Listen to the dialogues a and b without looking at the drillbook, and fill in the blanks.

a. この男の人は、今度の日曜に（　　　　　　）にさそわれましたが、
　（　　　　　）に翻訳のチェックを頼まれているので、ことわりました。

190

b．この女の人は、（　　　　　　　）があるし、宿題もたくさんあるので、

今度の日曜はだめですが、（　　　　　　）映画に行きます。

4．Listen to the dialogues a and b without looking at the drillbook, and fill in the blanks.

この学生は、あしたビザの延長で（　　　　　　）へ行くので、（　　　　　）

大学の山田先生といっしょに（　　　　　　）を食べられません。

L 18

1. Listen to the dialogues a, b, c and d without looking at the drillbook, and fill in the blanks.

    a. （   ）の（   ）さんは、指導教官の木村先生の
お宅に電話をかけました。

    b. （   ）大学の（   ）さんは、友だちの田中みどりさん
のお宅に電話をかけました。

    c. 留学生の（   ）さんは、木村先生の研究室に電話を
かけました。

  ☆d. （   ）さんは（   ）に電話をかけました。
山下和男さんはそこでアルバイトをしています。

2. Listen to the dialogues a, b and c without looking at the drillbook, and answer the following questions.

    a. この人は（   ）ごろには帰っていると思います。

    b-1. 先生はいま   1）会議中   2）外出中   3）授業中   で、（   ）ごろおもどりになります。

    b-2. 先生はまだ   1）お見えになって   2）お帰りになって   3）ごらんになって   いません。

    b-3. 先生は   1）もうお帰りになりました。   2）まだお見えになっていません。   3）きょうはお休みです。

  ☆c. この人は今ここにいませんが、   1）3時ごろもどる   2）すぐもどる   3）きょうはもどらない   と思います。

3. Listen to the dialogues without looking at the drillbook, and choose the correct answer.

    この男の人は友だちに電話をかけましたが、まだ帰っていませんでした。

    それで、6時ごろ   1）友だちが帰ったら、また電話をかけます。   2）友だちに電話をしてくださいと伝えます。   3）友だちが電話をしてくれるのを待ちます。

5. Listen to the dialogues a and b without looking at the drillbook, and fill in the blanks.

    a. 山下さんは（　　　　　　　　　　）さんに電話をかけましたが、まだ
帰っていませんでした。それで、お母さんに（　　　　　　　）のゼミが
（　　　　　　　　　　）と伝えてくださいと、頼みました。

    b. 山下さんは（　　　　　　）先生の研究室に電話をかけましたが、先生は
（　　　　　　）中でした。それで、（　　　　　　）へ行くので、（　　　　）
の授業に少し遅れるという伝言を頼みました。

6. Listen to the dialogues a and b without looking at the drillbook, and complete the following notes.

a

伝　言

木村先生　へ

＿＿＿＿ごろ、＿＿＿＿さん

から電話がありました。

＿＿＿＿＿＿＿＿＿＿

＿＿＿＿＿＿＿＿＿＿

と言っていました。

b

伝　言

＿＿＿＿＿さんへ

＿＿＿＿ごろ、＿＿＿＿さん

から電話がありました。

＿＿＿＿＿＿＿＿＿＿

＿＿＿＿＿＿＿＿＿＿

と言っていました。

L 19

1. Listen to the dialogues a, b and c without looking at the drillbook, and choose the correct answer.

a. {1）アリさん / 2）アランさん / 3）アニルさん} は、{1）あさ / 2）ひる / 3）よる} 日本人の家を訪問しました。

b. 男の人は、{1）大学に上がりました。 / 2）家に上がりました。 / 3）階段を上がりました。}

c. {1）田中さん / 2）高田さん / 3）山田さん} は、{1）先生 / 2）友だち / 3）恋人} の部屋を訪問しました。

2. Listen to the dialogues a and b without looking at the drillbook, and fill in the blanks.

a. この男の人は、国の（　　　　　　）を持って来ました。

b. この女の人は、（　　　　　　）をおみやげに持ってきました。

3. Listen to the dialogues a-1, a-2, b-1 and b-2 without looking at the drillbook, and get their meanings.

4. Listen to the dialogues a, b-1, b-2, c and d without looking at the drillbook, and fill in the blanks.

a. この男の人は、（　　　　　　）をすすめられましたが、おなかがいっぱいなので、ことわりました。

b-1. この男の人は、（　　　　　　）をすすめられましたが、アルコールが飲めないので、（　　　　　　）を頼みました。

b-2. この女の人は、何か（　　　　　　）をすすめられましたが、ことわりました。

c. この男の人は、（　　　　　　）なので、（　　　　　　）が食べられません。

d. {男・女} の人が食事を作りました。

6. Listen to the dialogue, and fill in the blank.

この女の人は、あした（　　　　　　）がありますから、早く帰ります。

7. Listen to the dialogue, and get their meanings.

L 20

1. Listen to the dialogues a, b and c without looking at the drillbook, and fill in the blanks.

   a. 男の人はゼミの資料を（　　　　　　　　）います。

   b. 男の人はゼミの資料を（　　　　　　　　）います。

   c. 女の人はゼミの資料を（　　　　　　　）たいと思っていますが、
（　　　　　　　　）がわからなくて、困っています。

   d. きょうは、（　　　　　　　　）います。

2. Listen to the dialogues a, b and c without looking at the drillbook, and fill in the blanks.

   a. この人は女の人に（　　　　　　）を聞きました。

   b. この人は（　　　　　　　）がしたいので、友だちに（　　　　　　）の使い方
を聞きました。

  ☆c. この人は（　　　　　　　）の誕生日に（　　　　　　）をプレゼントしたいので、
（　　　）方を聞きました。

3. Listen to the dialogues a and b without looking at the drillbook, and choose the correct answer.

   a. 男の人は $\begin{vmatrix} 1) & B4からB5 \\ 2) & B5からB4 \\ 3) & A4からB5 \end{vmatrix}$ にして、 $\begin{vmatrix} 1) & 4まい \\ 2) & 5まい \\ 3) & 10まい \end{vmatrix}$ コピーしたいと思ってい

ます。

  ☆b. 1) なべに調味料と水を入れて、ふっとうしたら野菜を小さく切って入れて、
やわらかくなるまで煮てから、チーズを入れます。

     2) なべに野菜と水を入れて、ふっとうしたらスープのもとを入れて、調味料を
入れてやわらかくなるまで煮てから、チーズを入れます。

     3) なべに野菜とスープのもとを入れて、ふっとうしたら調味料を入れて、やわ
らかくなるまで煮てから、チーズを入れます。

4. Listen to the explanation on the tape and follow the instruction.

   a. Listen to the tape and fill in the blanks.

    この図は、カセット・テープレコーダーです。

    下の方にボタンが（　　）つあります。

    まず、（　　）から（　　）番目のボタンを押すと、ふたが開きます。カセット
を入れて、次に、（　　）から（　　）番目のボタンを押します。

そして、テープが全部もどったら、（　　　）左のボタンとその（　　　）のボタンをいっしょに押すと、あなたの声が録音できます。

b．Listen to the tape and fill in the blanks.

まず、コピー機のカバーを開けて、原稿を（　　　　　　）に置いて、カバーを閉めます。

次に、（　　　　　）のボタンを押して、コピー枚数をセットします。

（　　）部コピーしますから、「（　　）」を押してください。

それから、用紙の（　　　　　）に合わせて、トレイのボタンを押します。

Ｂ５サイズからＡ４サイズに（　　　　　）しますから、Ａ４を選びます。

そして、トレイのボタンの（　　　　　）のボタンを押して、Ｂ５からＡ４というところに合わせてください。

最後に、一番（　　　）のスタートボタンを押せば、（　　　）の受け皿にコピーが出てきます。

コピーがうすかったら、トレイボタンの（　　　　　）のボタンを押して、コピー濃度を調節してください。

☆c．Listen to the tape and make the Origami.

6．a. b. Listen to the tape and get their meanings.

☆7．a. b. c. Listen to the tape and get their meanings.

L 21

1. Listen to the dialogues a and b without looking at the drillbook, and choose the correct answers.

a. 男の人は
   - 1) ラジオ
   - 2) テレビ
   - 3) ステレオ

   の音がうるさくて、苦情を言いました。

b-1. 男の人は
   - 1) ラジオ
   - 2) テレビ
   - 3) ステレオ

   の音がうるさくて、苦情を言いました。

b-2. 女の人は
   - 1) 自動車
   - 2) 自転車
   - 3) 電話

   をあっちに止めてくれと言いました。

2. Listen to the dialogues a and b without looking at the drillbook, and answers the following questions.

a. この女の人はどうして怒っているのですか。
   1) 男の人がもえるゴミともえないゴミを分けないで、すてたからです。
   2) 男の人がゴミすて場じゃない所に、ゴミをすてたからです。
   3) 男の人がゴミの日じゃない日に、ゴミをすてたからです。

b. この男の人はどうして怒っているのですか。
   1) 女の人が止めた自転車がきたないからです。
   2) 女の人が止めた自転車がじゃまだからです。
   3) 女の人がすてた自転車がまだ新しいからです。

3. Listen to the dialogues a and b without looking at the drillbook, and fill in the blanks with an appropriate word.

a. 男の人は、きょうが（　　　　　　　）だと思っていましたが、そうではありませんでした。

b. 女の人は、それが自分の（　　　　　　　）だと思っていましたが、そうではありませんでした。

4. Listen to the dialogues a and b without looking at the drillbook, and choose the correct answers.

a. 男の人は
   - 1) 何かをなくしてしまった
   - 2) 何かをこわしてしまった
   - 3) 何かを気にしてしまった

   ので、あやまった。

b. 女の人があやまったら、男の人は
1）気にしちゃった
2）気をつけてください
3）気にしなくていい
と言った。

☆5．Listen to the dialogue and fill in the blanks.

　ここは女の人の家の（　　　　　）です。男の人が家の前に（　　　　　）を止めたので、女の人は「ここは（　　　　　）禁止だから困る」と言いました。男の人はあやまってから、「ちょっとそこの（　　　　　）に用があるので、（　　　）分だけお願いします。」と頼みました。

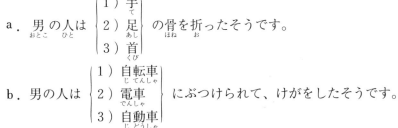

L 22

1. Listen to the dialogues a and b without looking at the drillbook, and choose the correct answers.

a. 男の人は
1）手
2）足
3）首
の骨を折ったそうです。

b. 男の人は
1）自転車
2）電車
3）自動車
にぶつけられて、けがをしたそうです。

2. Listen to the dialogues a and b without looking at the drillbook, and fill in the blanks.

a. 女の人は（　　　　　　）打って、入院しています。

☆b. 女の人は（　　　　　　）の骨を折って、入院しています。

3. Listen to the dialogues a and b without looking at the drillbook, and answer the following questions.

a，b．Q．この人はお見舞いに何を持って行きましたか。
1）音楽の雑誌　　　2）音楽のテープ　　　3）おかし

5. Listen to the dialogues a and b, and choose the correct answers.

a. この人は
1）自転車に乗っていて
2）自動車に乗っていて
3）スキーをしていて
、けがをしました。

☆b. この人は
1）はっきりして
2）びっくりして
3）ゆっくりして
、もうだめかと思いました。

6. ♪, 🎵 Listen to the dialogues and get their meanings.

7. Listen to the dialogues a and b, and answer the questions.

a，b．Q．この人はどうしてもう帰るのですか。
（　　　　　　　　　　　　）からです。

L 23

1. Listen to the dialogues a, b and c without looking at the drillbook, and fill in the blanks.

    a．この人は（　　　　　　　）のアウトラインを書いたので、先生に（　　　　）ほし
いと思っています。

    b．この人は（　　　　　　　）を書いたので、先輩に（　　　　　）を見てほしい
と思っています。

    c．この人は（　　　　　　）のパーティーに友だちに（　　　　　　　　）を作って
ほしいと頼んでいます。

2. Listen to the dialogues a, b and c without looking at the drillbook, and choose the correct answers.

    a．♪　この人は先生に
$\left\{\begin{array}{l}1）日本語の辞書\\2）漢字の辞書\\3）何かの辞書\end{array}\right\}$
を紹介していただきます。

      ♬　先生はこれから
$\left\{\begin{array}{l}1）ゼミ\\2）授業\\3）会議\end{array}\right\}$
だから、あとで来るように言いました。

    b．♪　この人は鈴木さんに
$\left\{\begin{array}{l}1）ラジカセ\\2）パソコン\\3）ワープロ\end{array}\right\}$
の使い方を教えてもらいます。

      ♬　鈴木さんは
$\left\{\begin{array}{l}1）よろこんで教えてあげます。\\2）いまは教えることができません。\\3）この人には教えたくありません。\end{array}\right.$

    c．♪　この人はアニルさんにコンピュータのプログラムを
$\left\{\begin{array}{l}1）作ってもらいます。\\2）使ってもらいます。\\3）教えてあげます。\end{array}\right\}$

      ♬　アニルさんは
$\left\{\begin{array}{l}1）よろこんで手伝ってあげます。\\2）いまは手伝うことができません。\\3）この人を手伝いたくありません。\end{array}\right.$

3. Listen to the dialogues a, b and c without looking at the drillbook, and fill in the blanks.

    a．先生は（　　　　）さんに、（　　　　　　　）の仕事の英語のチェックを頼みま
した。

b．先輩は（　　　　　）さんに、コンピュータの（　　　　　　　　）を手伝ってほしいと頼みました。

c．友だちは（　　　　　）さんに、新しい（　　　　　　　）に引っ越すので手伝ってほしいと頼みました。

5．Listen to the dialogues a and b, and choose the correct statements.

　a．1）リサさんは先生に翻訳のチェックを頼まれましたが、大使館からも仕事を頼まれているので、ことわりました。

　　2）リサさんは大使館から仕事を頼まれましたが、先生に翻訳のチェックを頼まれているので、ことわりました。

　　3）リサさんは先生と大使館から仕事を頼まれましたが、土曜日までにはできないので、どちらもことわりました。

　b．1）アニルさんは今度の日曜日に友だちの引越しを手伝うことになっているので、国の友だちに会うことができません。

　　2）アニルさんは今度の日曜日に国の友だちが来ることになっているので、友だちの引越しを手伝うことができません。

　　3）アニルさんは今度の日曜日は忙しくて、友だちの引越しを手伝うことも国の友だちに会うこともできません。

6．Listen to the dialogues a and b, and choose the correct statements.

　a．1）鈴木さんに日曜日のパーティーでスピーチをしてほしいと頼んだら、やってくれると言いました。

　　2）鈴木さんに土曜日のパーティーでスピーチをしてほしいと頼みましたが、ことわられました。

　　3）鈴木さんに土曜日のパーティーでスピーチをしてほしいと頼んだら、やってくれると言いました。

　b．1）山下さんにコンピュータのアルバイトを頼んだら、よろこんで手伝うと言ってくれました。

　　2）山下さんにコンピュータのアルバイトを頼みました。やりたくなさそうでしたが、食事をおごると言ったら、手伝うと言ってくれました。

　　3）山下さんにコンピュータのアルバイトを頼みましたが、忙しいからできないとことわられました。

L 24

1. Listen to the dialogues a and b without looking at the drillbook, and fill in the blanks.

　　a.（　　　　）と（　　　　）と（　　　　　）の中_{なか}で、旅行_{りょこう}に行_いくなら、（　　　　）が一番_{いちばん}いいと言_いいました。

　　b.（　　　　）さんと（　　　　）さんと（　　　　）さんの中で、旅行の幹事_{かんじ}なら、（　　　　）さんが一番いいと言いました。

2. Listen to the dialogues a and b without looking at the drillbook, and fill in the blanks.

　　a. 日光_{にっこう}は、（　　）月_{がつ}なら華厳_{けごん}の滝_{たき}が凍_{こお}っていて、（　　　　　　）だそうです。

　　b. 鈴木_{すずき}さんは（　　　　）が上手_{じょうず}だし、（　　　　　　）から、パーティーの司会_{しかい}にいいと思_{おも}います。

　☆c. 男_{おとこ}の人_{ひと}は二_{ふた}つ提案_{ていあん}をしました。一_{ひと}つは（　　　　　　　　）ことで、もう一つは（　　　　　　　　）ことです。女_{おんな}の人は（　　　　　　　　）ほうがいいと言いました。

3. Listen to the dialogues a and b, and get their meanings.

4. Listen to the dialogues a, b and c without looking at the drillbook, and choose the correct answers.

　　a. 女の人は
　　　　1）日光は東照宮_{とうしょうぐう}があるから、寒_{さむ}いんじゃないかと言っています。
　　　　2）日光は暖_{あたた}かいから、もっと寒いところがいいんじゃないかと言っています。
　　　　3）日光は寒いから、もっと暖かいところがいいんじゃないかと言っています。

　☆b. 男の人は
　　　　1）日光がいいと言っています。
　　　　2）東照宮がいいと言っています。
　　　　3）箱根_{はこね}がいいと言っています。

　☆c. 女の人は
　　　　1）映画_{えいが}がいいと言っています。
　　　　2）スキーがいいと言っています。
　　　　3）どちらでもいいと言っています。

5．Listen to the three dialogues and choose the correct answers.

♪　最後の人は、金沢に行くこと
_{さいご}　_{ひと}　　_{かなざわ}　_い
- 1）に賛成です。
_{さんせい}
- 2）に反対です。
_{はんたい}
- 3）についてよくわかりません。

その理由は（　　　　　　　　　　　　　）からです。
_{りゆう}

♫　最後の人は、金沢に行くこと
- 1）に賛成です。
- 2）に反対です。
- 3）についてよくわかりません。

その理由は（　　　　　　　　　　　　　）からです。

♬　最後の人は、金沢に行くこと
- 1）に賛成です。
- 2）に反対です。
- 3）についてわかりません。

6，7．Listen to the dialogues and get their meanings.

■ 索 引 （さくいん）　　　　Index

◉この索引の使い方

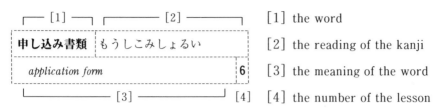

[1]	the word
[2]	the reading of the kanji
[3]	the meaning of the word
[4]	the number of the lesson

Abbreviations

s.th. ＝ something　　s.o. ＝ someone

起こす　おこす			おなか		
to wake up, to set up	17		*stomach, abdomen*	8	
怒る　おこる			お兄さん　おにいさん		
to get angry	22		*s.o. else's elder brother*	14	
おごる			お姉さん　おねえさん		
to treat	23		*s.o. else's elder sister*	14	
（お）酒　おさけ			お願いする　おねがいする		
alcohol, sake	3		*to request*	7	
おじいさん			おばあさん		
old man, s.o. else's grand father	24		*old lady, s.o. else's grand mother*	17	
教える　おしえる			（お）ふろ		
to teach	3		*bath, bath room*	5	
おじゃまする			おぼえる		
to disturb	13		*to learn, to memorize*	11	
押す　おす			（お）水　おみず		
to push, to seal	6		*water*	3	
遅い　おそい			（お）見舞い　おみまい		
late	13		*visit to a sick person*	22	
お宅　おたく			（お）みやげ		
s.o. else's house	17		*souvenir, present*	19	
（お）茶　おちゃ			お目にかかる　おめにかかる		
Japanese tea	3		*to meet*	18	
落ちる　おちる			重い　おもい		
to drop, to fall	8		*heavy*	6	
おっしゃる			思う　おもう		
to say	9		*to think*	11	
夫　おっと			おもしろい		
my husband; husband in general	14		*interesting*	6	
（お）つり			おもちゃ		
change	3		*toy*	10	
（お）手洗い　おてあらい			泳ぐ　およぐ		
toilet	4		*to swim*	5	
（お）寺　おてら			折り紙　おりがみ		
Buddhist temple	16		*origami*	20	
音　おと			降りる　おりる		
sound	12		*to come down, to get off (a vehicle)*	12	
お父さん　おとうさん			折る　おる		
s.o. else's father	14		*to fold*	20	
弟　おとうと			折る　おる		
my younger brother	12		*to break*	22	
弟さん　おとうとさん			おる		
s.o. else's younger brother	14		*to be*	18	
男の子　おとこのこ			オレンジ		
boy	4		*orange*	10	
男の人　おとこのひと			オレンジジュース		
man	4		*orange juice*	3	
落とす　おとす			おろす		
to drop, to let fall (s.th.)	11		*to withdraw (money)*	12	
おととい			終わる　おわる		
the day before yesterday	9		*to end, to be finished*	7	
驚く　おどろく			音楽　おんがく		
to be surprised	22		*music*	1	

217

先月　せんげつ
last month　5

専攻　せんこう
one's major　6

洗剤　せんざい
detergent　22

先週　せんしゅう
last week　5

先生　せんせい
teacher, professor　1

ぜんぜん
not at all（＋ neg.）　15

仙台　せんだい
place name　1

せんたく機　せんたくき
washing machine　4

～cm／～センチ
～ centimeters　10

先輩　せんぱい
one's senior　13

全部（で）　ぜんぶで
(in) total　2

洗面所　せんめんじょ
washroom　14

専門　せんもん
major, field of study　1

［そ］

そうじ機　そうじき
vacuum cleaner　13

そうじする
to clean (a room, etc.)　9

相談する　そうだんする
to consult (with)　7

ソース
sauce　3

速達　そくたつ
special delivery　2

そこ
there　4

育てる　そだてる
to raise, to bring up　17

卒業する　そつぎょうする
to graduate　12

そっち
there (casual)　4

そで
sleeve　10

その～
that ～　4

そのころ
then　18

そのまま
as it is, as they are　15

それ
that　4

それから
and, also　2

それなら
in that case　13

それほど
not so much（＋ neg.）　22

そんなことない
not really　13

［た］

ターミナル
terminal　14

～体　～たい
～ style　10

～台　～だい
counter for machines　18

体育　たいいく
physical education　1

体育館　たいいくかん
gymnasium　17

退院する　たいいんする
to be discharged, to leave (a hospital)　22

大学　だいがく
university　1

大学院　だいがくいん
graduate school　1

大学生　だいがくせい
university student　23

大学正門　だいがくせいもん
university main entrance　12

大使館　たいしかん
embassy　12

大事（な）　だいじな
important　21

だいじょうぶ（な）
all right　7

大好き（な）　だいすきな
to be very fond of　20

台風　たいふう
typhoon　17

タイプライター
typewriter　22

大変（な）　たいへんな
hard to do　9

題名　だいめい
title　11

たおれる
to fall down, to collapse　17

名古屋　なごや
place name 　　1

なさる
to do 　　9

夏　なつ
summer 　　10

なっとう
fermented beans 　　19

夏休み　なつやすみ
summer vacation 　　9

七／7　なな, しち
seven 　　2

七つ　ななつ
seven 　　3

何　なに
what? 　　2

何色　なにいろ
what colour? 　　10

何語　なにご
what language? 　　4

七日／7日　なのか
the 7th of the month 　　7

なべ
pot, pan 　　20

ナポリタン
spaghetti with tomato sauce 　　3

生　なま
raw 　　19

名前　なまえ
name 　　5

習う　ならう
to learn 　　3

並べる　ならべる
to line up (s.th.) 　　15

なる（電話）
to ring (phone, etc.) 　　16

なれる
to get used, to get accustomed 　　15

何　なん
what? 　　1

何時　なんじ
what time? 　　7

何とか　なんとか
somehow 　　15

何度も　なんども
many times 　　20

何人　なんにん
how many? (persons) 　　3

何名（さま）　なんめいさま
how many? (persons)(polite) 　　3

[に]
二／2　に
two 　　2

二月／2月　にがつ
February 　　7

にぎやか（な）
lively, crowded 　　6

肉　にく
meat 　　3

二十四日／24日　にじゅうよっか
the 24th of the month 　　7

〜日　〜にち
counter for days 　　7

〜日間　〜にちかん
〜 days 　　11

日時　にちじ
the time and date 　　24

日米　にちべい
U.S.-Japan 　　11

日曜日　にちようび
Sunday 　　5

日本　にほん
Japan 　　1

日本語　にほんご
Japanese language 　　1

日本酒　にほんしゅ
sake 　　3

日本人　にほんじん
Japanese (people) 　　1

日本文学　にほんぶんがく
Japanese literature 　　13

荷物　にもつ
package 　　5

入院する　にゅういんする
to be hospitalized 　　9

入管　にゅうかん
Immigration Service 　　17

ニュース
news 　　14

〜入門　〜にゅうもん
introduction to 〜 　　11

煮る　にる
to cook 　　20

にわ
garden 　　22

〜人　〜にん
〜 persons 　　3

人形　にんぎょう
doll 　　14

227

ぼく
I (male) — 13

保険証　ほけんしょう
health insurance card — 9

ほしい
to want — 17

保証人　ほしょうにん
guarantor — 14

ポスト
mailbox, postbox — 4

細い　ほそい
thin — 10

ボタン
button — 10

北海道　ほっかいどう
district name — 1

ホットコーヒー
hot coffee — 3

ホテル
hotel — 12

～ほど
about ～ — 11

歩道橋　ほどうきょう
overpath, footbridge — 12

骨　ほね
bone — 22

ほめる
to praise — 17

本　ほん
book — 2

～本　～ほん／ぽん／ぽん
counter for long objects — 5

本州（ほんしゅう）
— 1

本当に　ほんとうに
really — 19

本屋　ほんや
bookstore — 2

ほんやくする
to translate — 17

［ま］

～まい
counter for flat objects — 2

毎月　まいげつ
every month — 5

毎週　まいしゅう
every week — 5

毎月　まいつき
every month — 5

毎日　まいにち
every day — 2

まいる
to go, to come — 18

まいる
to be beaten, to give in — 23

前　まえ
front — 4

～前　～まえ
～ ago — 8

曲がる　まがる
to turn (a corner) — 12

負ける　まける
to be beaten, to lose — 14

まじめ（な）
serious, hardworking — 9

まず
first — 20

まぜる
to mix — 20

また
again — 8

まだ
not yet (＋ neg.) — 8

まだ
still, just — 13

町　まち
town — 24

待合室　まちあいしつ
waiting room — 14

待ち合わせ　まちあわせ
meeting — 22

まちがえる
to make a mistake — 7

町なみ　まちなみ
the rows of houses — 24

待つ　まつ
to wait — 3

まっすぐ
straight — 12

まったく
quite — 21

マッチ
matches — 3

まつり
festival — 24

まど
window — 4

窓口　まどぐち
counter, window — 14

間に合う　まにあう
to be in time — 20

マニュアル
manual — 20

231

Compiled and Edited by:

General editor	Otsubo, Kazuo	大 坪 一 夫
Authors	Akutsu, Satoru	阿久津　　智
	Ichikawa, Yasuko	市 川 保 子
	Emura, Hirofumi	江 村 裕 文
	Ogawa, Taeko	小 川 多恵子
	Kano, Chieko	加 納 千恵子
	Kaiser, Stefan	カイザー シュテファン
	Kindaichi, Kyoko	金田一 京 子
	Kobayashi, Noriko	小 林 典 子
	Komiya, Shutaro	小 宮 修太郎
	Saegusa, Reiko	三 枝 令 子
	Sakai, Takako	酒 井 たか子
	Shimizu, Yuri	清 水 百 合
	Shinya, Ayuri	新 谷 あゆり
	Tochigi, Yuka	栃 木 由 香
	Tomura, Kayo	戸 村 佳 代
	Nishimura, Yoshimi	西 村 よしみ
	Hashimoto, Yoji	橋 本 洋 二
	Fujimaki, Kikuko	藤 牧 喜久子
	Ford, Junko	フォード 順子
	Homma, Tomoko	本 間 倫 子
	Yamamoto, Sonoko	山 本 そのこ
	Yokoyama, Noriko	横 山 紀 子
	Watanabe, Keiko	渡 辺 恵 子
Cover design	Robles, Maria Elizabeth	ロブレス M. エリザベス
Illustrator	Teshigahara, Midori	勅使河原　　緑

SITUATIONAL FUNCTIONAL JAPANESE
VOLUME THREE: DRILLS

1992年 8 月15日　　初　版第 1 刷発行
2005年11月10日　　第 2 版第 5 刷発行

著　者　　筑波ランゲージグループ

発行所　　株式会社　凡 人 社

〒102-0093 東京都千代田区平河町 1 － 3 － 13
菱進平河町ビル 1 F　電話 03－3263－3959

©1992, 2005, Tsukuba Language Group
Printed in Japan

沖縄
おきなわ

出雲
いずも

長崎
ながさき

広島
ひろしま

宮島
みやじま

神戸
こうべ

京都
きょうと

大阪
おおさか

阿蘇山
あそざん

高知
こうち

鹿児島
か ごしま

奈
な

SITUATIONAL

FUNCTIONAL

JAPANESE

VOLUME 3: DRILLS
SECOND EDITION

解　答

◀ **Answers to C.D. Check** ▶

L 17　**1.**　**a.**　♪ 2)　　♬ 1)　　　　**b.**　♪♬ 2), 1)

　　　　　　c.　♪♬ 1), 2)

　　　2.　**a.**　2), 1), 1)　　　　　**b.**　3), 2)

　　　3.　**a.**　映画／友だち，先生　　**b.**　試験，来週（の日曜日に）

　　　4.　入管，九州，昼ごはん

L 18　**1.**　**a.**　インド，シャルマ　　**b.**　松見，ブラウン

　　　　　　c.　ピーター・スミス　　☆**d.**　シャルマ，経済研究所

　　　2.　**a.**　10時

　　　　　　b-1.　3), 3時半　　　**b-2.**　1)　　　**b-3.**　3)

　　　　☆**c.**　2)

　　　3. 3)

　　　5.　**a.**　田中みどり，水曜，中止になった

　　　　　　b.　木村，会議，病院，午後

　　　6.　**a**　　　　　　　　　　　　☆**b**

<table>
<tr><td>

　　　　伝　言

木村先生へ

１時ごろ、山下さんから
電話がありました。
病院へ行くので、午後の
授業に遅れると言って
いました。

</td><td>

　　　　伝　言

シャルマさんへ

３時半ごろ、山下さんか
ら電話がありました。
あしたのゼミは、来週の
火曜に変更になったと
言っていました。

</td></tr>
</table>

L 19　**1.**　**a.**　3), 3)　　　**b.**　2)　　　　　**c.**　1), 2)

　　　2.　**a.**　おかし　　　**b.**　ワイン

　　　4.　**a.**　ごはん

　　　　　　b-1.　ビール，ジュース　　　**b-2.**　飲み物

　　　　　　c.　イスラム教，豚肉　　　　**d.**　女

　　　6.　（日本語の）テスト

L 20　**1.**　**a.**　見て　　　　　　　　**b.**　コピーして

　　　　　　c.　コピーし，コピーのしかた　**d.**　雨がふって

　　　　　　　　　　　or

　　　　　　　　　　やり方

2．a． やり方 b． 縮小コピー，コピー機
☆c． 友だち，ケーキ，作り

3．a． 1)，3) ☆b． 2)

4．a． 6，右，2，左，3，一番，となり
　　b． 下向き，数字，5，5，サイズ，拡大
　　　　左がわ，右，左，右がわ

L 21　1．a． 2) b-1． 3) b-2． 2)

2．a． 3) b． 2)

3．a． ゴミの日 b． じしょ

4．a． 2) b． 3)

5．入口／前，車，駐車，店，5

L 22　1．a． 2) b． 3)

2．a． こし b． うで

3．a，b． 2)

5．a． 1) b． 2)

7．a，b． これからゼミがある

L 23　1．a． 論文，見て b． 研究計画，日本語
　　c． 土曜日，(何か) 国の料理

2．a． ♪ 2) ♬ 3) b． ♪ 3) ♬ 2)
　　c． ♪ 1) ♬ 2)

3．a． リサ，翻訳 b． アニル，アルバイト
　　c． 田中，アパート

5．a． 1) b． 2)

☆6．a． 3) b． 2)

L 24　1．a． 箱根，金沢，日光，日光
　　b． 山下，鈴木，シャルマ，山下

2．a． 1，きれい b． 話，明るい
　　☆c． スキーに行く，京都でお寺を見る，お寺を見る

4．a． 3) ☆b． 3) ☆c． 1)

5．♪ 1)，魚がおいしい
　　♬ 2)，遠い
　　♬ 3)

2

◀ **Answers to Tasks and Activities** ▶

L 17 1. 1.　　　　　　　　　　　しない
　　　2.　コンパの準備　　　　する
　　　　　　じゅんび
　　　3.　レポートのチェック　する
　　　4.　切手を買うこと　　　しない
　　　　　　きって　か

2.

	しごと	金曜日 きんようび		土曜日 どようび		日曜日 にちようび	
		午前 ごぜん	午後 ごご	午前	午後	午前	午後
1	e				○		
2	✕						
3	c		○				
4	a						○
5	d	○		○		○	
6	✕						

3.　1.　課長にほんやくを頼まれた。
　　　　　かちょう　　　　　　　たの
　　　2.　（ほんやくができなかったので、）きょう、課長にしかられた。
　　　3.　そして、「あしたの朝までにやってくれ」と言われた。
　　　　　　　　　　　　　　　あさ　　　　　　　　　　い
　　　4.　きょう、課長にほめられた。
　　　5.　そして、「飲みに行こう」とさそわれた。
　　　　　　　　　　の　　　い

3

L 18　**1.**

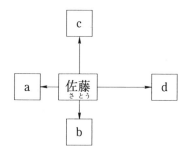

2. 例 b　　1．a　　2．b　　3．c

3. b.　Aグループ結果（8.4回）（28分）
　　　　Bグループ結果（同性の友だち）（異性の友だち）
　　　　　　　　　　（4990円）（約2倍）

L 19　**1.** 1．b　　2．c　　3．a.　　4．a

　　　2. a.

	山中さん	吉田さん
あげるもの gift item	お金	ナイフ、フォーク、 スプーンのセット
理由 reason	必要なものを買って もらうのがいい	わたなべさんがほしい と言った
あげない方が いいもの unsuitable item	われるもの 　　　　（コップやさら） 切れるもの 　　　　（ナイフなど）	さらやコーヒーカップ
理由 reason	結婚がこわれたり 切れて終わったりしそう だから	他の人からもらいそう 好きじゃなかったら 使わない

3． b． 1.　　　　　　　　　　2.

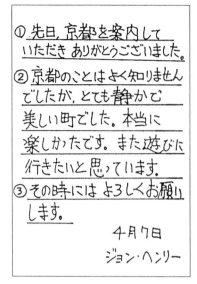

1.
① 先日、京都を案内していただきありがとうございました。
② 京都のことはよく知りませんでしたが、とても静かで美しい町でした。本当に楽しかったです。また遊びに行きたいと思っています。
③ その時にはよろしくお願いします。
4月7日
ジョン・ヘンリー

2.
① 先日はお忙しいところ、大切な本を貸していただき、ありがとうございました。
② 読むのは大変でしたが、とても役に立ちました。またほかの本も読んでみようと思っています。
③ これからもよろしくお願いいたします。
一九九二年五月三十一日
マイケル・ジャクソン

L20 1．b． 1. ②　　2. ①　　3. ④　　4. ⑥

2．b． シン ④③,　　ナンシー ⑤⑥, リー ⑦②④

　　c． 新宿→原宿→銀座,　　上野→皇居　　9000円～20000円
　　　　しんじゅく はらじゅく ぎんざ　　うえの こうきょ　　　　えん
　　　　上野→浅草→新宿,　　銀座→皇居　　6000円～15000円
　　　　　　あさくさ

3．a． 例）63　　1. 78　　2. 88　　3. 89
　　　　れい

L21 1． 1. 2

　　2. チキンサンド、ステーキ、3

　　3. ミルク、古かった、2
　　　　　　　ふる

2．a． 答え（ a.　e.　g.　h.　 ）
　　　こた

4．a． 1. 山道で、夜になって暗くなってしまったから。
　　　　やまみち よる　　くら
　　2. 女の人の家で寝ました。／部屋のふとんで寝ました。
　　　　おんな ひと いえ ね　　　　　へや
　　3. 草の上で起きました。
　　　　くさ うえ お
　　4. きつねです。

5

L 22　**1.**　1．a　　2．b　　3．b　　4．b　　5．a

　　　　2.　1．b　　2．a　　3．f　　4．d　　5．c

　　　　3.　1．（×）　2．（×）　3．（○）　4．（×）

　　　　4.　a．1．A．B．C．　　2．B．C．A．　　3．B．C．A.

　　　　　c．

　　　　　Aグループ　1．食事が欧米化した→コレステロールがたまる→病気になる
　　　　　　　　　　　　　しょくじ　おうべいか　　　　　　　　　　　　　　　　　　　　びょうき
　　　　　Bグループ　2．ストレスがある→病気になる

　　　　　　　　　　　3．運動不足→病気になる
　　　　　　　　　　　　　うんどう ぶそく

L 23　**1.**　1．×　　2．×　　3．○　　4．×　　5．○　　6．×

　　　　4.　レベル1　1．○　　2．×　　3．○　　4．×　　5．○

　　　　　　　レベル2　1．×　　2．×　　3．×　　4．×　　5．○

　　　　　　　レベル3　1．×　　2．×　　3．○　　4．×　　5．×

L 24　**1.**　1．b　　2．a　　3．b　　4．a

　　　　2.　1．b　　2．a　　3．c　　4．d　　5．f

　　　　3.　b．1．（2）（3）　　2．（1）　　3．（5）　　4．（4）

　　　　　　　5．（5）　　6．（1）（4）　　7．（4）